取引ステップで考える
実践的M&A入門

長島・大野・常松法律事務所 弁護士
編著——三笘　裕・玉井裕子・滝川佳代
著——大石貴大・鈴木健人・田村　優
　　　小槻英之・田勢華也子・藤井崇英

商事法務

はじめに

1　日本企業による企業買収の動向概観

　日本企業による企業買収の動向には、各時代の経済状況を反映した変化が見られます。1990年代のバブル崩壊以降、過剰な債務を背負った日本企業は、生き残りを賭けて、事業や子会社の売却を行い、同業他社との経営統合を行って、人員削減を含む経営合理化を進めました。2000年代に入ると、経営の建て直しに目処がついた日本企業の間では、成長のために他社やその事業を買収する動きも見られるようになり、2008年9月のいわゆるリーマンショック後は、急激な円高、日本の人口減少や少子高齢化の進行、新興国の豊富かつ安価な労働力や経済力・購買力の向上などを背景として、日本企業の海外進出、とりわけ外国企業の買収の動きが活発化しました。2010年代に入ってからは、コーポレートガバナンス（企業統治）が重視されるようになり、内部留保の有効活用やROEの向上などの観点から、多くの日本企業にとって、企業買収（Mergers & Acquisitions、M&A）が経営戦略の一つの選択肢として常に意識されるようになっています。

　また、企業買収取引の手法に関しても、ここ20年ほどで大きな変化が見て取れます。従来、上場企業の経営統合は、専ら合併の方法で行われていました。1997年の独占禁止法の改正により持株会社が解禁されたことに加え、1999年施行の旧商法改正（平成11年改正）により株式交換・株式移転制度が導入されたことを契機として、持株会社を組成する形での経営統合が多く行われるようになりました。また、従来、事業の買収は、専ら事業譲渡（営業譲渡）の方法で行われていましたが、取引先や従業員などの利害関係者から個別に譲渡承諾を得なければならないことから、大規模な事業（営業）を譲渡する際には、実務上の困難が伴っていました。2001年施行の旧商法改正（平成12年改正）によ

はじめに

り会社分割制度が導入されたことから、様々な利害関係者を集団的な手続により一括して移転できるようになり、事業再編を進めやすくなりました。公開買付けについて見ると、1990年の旧証券取引法改正による公開買付制度の全面改正以降もなかなか案件数が増えませんでしたが、2000年代に入る頃から案件数が増え始め、2006年の会社法施行により少数株主のスクイーズアウト手続が確立されてからは、上場企業の非上場化取引の一ステップとしても利用されるようになり、案件数が急増しました。このほか、1990年代後半に生じた多数の企業の倒産処理に際し、従来の長期分割弁済の形になる自力再生ではなく、一括弁済ないし短期分割弁済の形になるスポンサーによる企業買収の手法での再生が行われるようになったことも、企業買収の手法の多様化に大いに影響があったといえます。

　さらに、企業買収取引に関係する法規制についても、近年大きな変化が見られます。会社法上の事前備置・事後備置書類や株主総会参考書類の記載事項に関する法務省令が整備されて企業再編取引に関する株主への情報提供の精緻化が進められるとともに、金融商品取引所の適時開示のルールなどが整備されて適時開示情報の充実も図られました。また、金融商品取引法において公開買付制度の改正も進められてきています。さらに、インサイダー取引規制についても、課徴金制度の導入や規制対象の追加などの制度改正に加えて、新たな裁判例が出るなどの進展が見られます。加えて、外国法規制への配慮も必要なケースが増えてきています。例えば、米国人株主の増加に伴い、日本企業同士の企業買収取引であっても、米国証券法の規制を検討する必要が出てきたり、日本企業の事業展開の国際化に伴い、外国の競争法や投資規制関連法のほか、外国公務員贈賄禁止関連法などの規制についても考慮する必要が出てきたりしています。これらの変化の帰結として、企業買収取引を行う場合に考慮すべき法規制が複雑化、多様化しており、日本企業にとって、企業買収取引は身近な存在になっているのに、

全体的な理解が難しいものになりつつあります。

2　本書の構成とねらい

　このような日本企業による企業買収を取り巻く大きな変化を念頭に置きつつ、本書は、いろいろな形態の企業買収取引について、読者に具体的なイメージを持っていただけるようにするとともに、企業買収取引を取り扱う法律実務家が様々な問題に対し実際にどのように対処しているのかを解説しようとするものです。読者層としては、企業買収に少し関与したことがある、あるいは今後関与することになるかもしれない企業の担当者の方々を主に想定していますが、若手の法律実務家が読んでも得るものがある程度の内容は盛り込んだつもりです。他方、実際に多数の企業買収取引を手がけている「経験値」の高い企業の担当者の方々や法律実務家にとっては、当たり前のことしか書いていないという印象を持たれるかもしれません。

　企業買収取引には様々な手法が用いられますが、本書では、その中でも典型的な手法を取り上げて解説しています。解説にあたっては、企業買収取引に日頃携わっていない読者にもイメージが沸くように、具体的な想定事例を用いています。想定事例は、必ずしも特定の実例を念頭に置くものではありませんが、できるだけ実際にもありそうな状況を設定した上で、若干のハプニング的な要素を盛り込んで、それらに対する実務的な対処方法にも触れられるように心がけました。また、特に、実際の取引を行うにあたってはスケジュール管理が大変重要なので、出来事の日付をできるだけ具体例に盛り込んで、取引がどのような時間軸で進むのかのイメージが持てるようにも配慮しました。

　第1章以下をお読みいただくと、企業買収取引の手法が異なっていても、同じような論点が繰り返し出てくることがおわかりいただけると思います。同一論点については、原則として一箇所で解説し、他の箇所では解説場所を言及するようにしましたが、同じような論点でも

はじめに

手法により内容に違いがある場合は、適宜補足解説をしています。

本書全体の構成としては、第1章では株式の譲渡、第2章では事業の譲渡、第3章では海外事業・子会社の譲渡、第4章では合併による国内での経営統合、第5章では日本企業同士の共同株式移転によるグローバルな経営統合、第6章では公開買付けによる買収、第7章では合弁会社をそれぞれ扱っています。第1章から第6章までは、企業買収の手法ごとの特徴や留意点を中心に解説するものですが、第7章は、当初は企業買収ではなかったものが、途中から企業買収に移行するという、それまでの章とは少し毛色の異なった事例を取り扱っています。本書は、必ずしも第1章から順に読んでいただく必要はなく、目次や事例を見て興味のありそうなところから読んでいただいても、各手法における主な留意点は追えるように構成したつもりです。

企業買収取引の手法には様々なものがあり、またそれらを複数組み合わせて用いられることもあるので、本書で扱いきれなかったものも少なくありません。また、企業買収取引の手法や関連する法制度（税法も含みます）は、まさに時々刻々変化しており、本書に記載された手法や法制度についても、実際の取引に当てはめようとする際には、改めて関連する法制度やプラクティス（実務取引慣行）を確認する必要がある点にはご留意いただきたいと思います。しかし、根底にあるものの考え方にはそれほど大きな変化はないと思われますので、解説にあたっては、表面的な規制のみならず、根底にあるものの考え方にも触れるよう心がけました。

本書が企業買収取引の理解の一助になれば光栄です。

2017年9月

執筆者一同

目 次

はじめに

第1章　株式の譲渡　　1

■1　買収手続の流れ　3
   (1)　概　要　3
   (2)　守秘義務契約締結・デューディリジェンスの実施　4
   (3)　基本合意書締結　5
   (4)　株式譲渡契約締結　5
   (5)　関係者への説明その他　6
   (6)　株式譲渡の実行　6

■2　守秘義務契約　9

■3　デューディリジェンス　10
   (1)　会社組織　11
   (2)　株式・株主との関係　11
   (3)　グループ会社・M&A　12
   (4)　資　産　12
   (5)　資金調達　13
   (6)　事　業　14
   (7)　人事・労務　14
   (8)　許認可・コンプライアンス　14
   (9)　紛　争　15

■4　基本合意書　16

■5　株式譲渡契約　17
   (1)　概　要　17

(2)　前提条件　20
　　　(3)　クロージング前の誓約事項　21
　　　(4)　表明保証　22
　　　(5)　補　償　23
■6　本事例における契約上の手当て　27
　　　(1)　顧客からの損害賠償請求　27
　　　(2)　サービス残業　28
　　　(3)　S社からの借入金・S社による保証　28
■7　前提条件不充足への対応　30

第2章　事業の譲渡　33

■1　買収のスキーム　35
　　　(1)　事業譲渡と会社分割　35
　　　(2)　本事例のスキーム検討　38
　　　　①　契約の承継　38
　　　　②　従業員の承継　39
　　　　③　許認可の承継　41
■2　吸収分割のスケジュール　43
　　　(1)　会社法上の手続　43
　　　(2)　労働契約承継法上の手続　44
　　　(3)　独占禁止法上の手続　45
　　　(4)　許認可取得にかかる手続　46
　　　(5)　本事例におけるスケジュール　46
■3　デューディリジェンス　48
　　　(1)　会社組織・株式　48
　　　(2)　スタンドアローンイシュー（Stand-Alone Issue）　49
　　　　①　バックオフィス機能　50
　　　　②　資　産　50

　　　　③　事業関連契約等　51
　　　　④　人　事　51
　　(3)　事業関連契約　51
　　(4)　許認可　52

■4　吸収分割に際して締結される契約　55
　　(1)　法定契約と法定外契約　55
　　(2)　主要な記載事項　56
　　　　①　吸収分割における承継対象　57
　　　　②　吸収分割の対価　57
　　　　③　前提条件　58
　　　　④　表明保証　59
　　　　⑤　スタンドアローンイシューへの対応　60
　　　　⑥　競業避止義務　61
　　(3)　本事例における契約上の手当て　62

■5　前提条件の不充足への対応　65

第3章　海外事業を含む子会社の譲渡　67

■1　買収取引の開示　70
　　(1)　概　説　70
　　(2)　開示に関するルール　71
　　　　①　開示すべき事項　71
　　　　②　開示のタイミング　73
　　(3)　インサイダー情報の管理　74
　　(4)　本事例における検討　76

■2　独占禁止法上の手続　77
　　(1)　概要（株式譲渡の場合）　77
　　(2)　届出前相談　78
　　(3)　株式取得の届出／審査　79
　　(4)　本事例における検討　81

目次

- 3　海外事業買収スキーム　82
  - (1)　概　説　82
  - (2)　T社インドネシア　83
  - (3)　海外における販売事業　84
    - ①　各海外子会社に関する検討　84
    - ②　P社への譲渡方法に関する検討　87
- 4　海外事業のデューディリジェンス　90
  - (1)　総　論　90
  - (2)　各　論　91
    - ①　会社組織　91
    - ②　不動産　92
    - ③　人事・労務　92
    - ④　コンプライアンス（汚職防止法制）　93
    - ⑤　環　境　96
    - ⑥　税務・会計　96
    - ⑦　その他（ダイベストメント義務）　96
- 5　株式および海外事業の譲渡に際して締結される契約　98
  - (1)　契約の構成　98
  - (2)　T社インドネシア株式の譲渡　99
- 6　本事例における契約上の手当て　105
  - (1)　退職金　105
  - (2)　贈　賄　106
  - (3)　ダイベストメント義務　107
- 7　前提条件不充足への対応　109
  - (1)　海外事業移管手続の一部未了　109
  - (2)　インドネシアにおける洪水（MAC）　110

第4章　経営統合（国内／合併）　113

- 1　経営統合のスキーム　116

(1)　「経営統合」の意義　116
　　(2)　各スキームの概要　116
　　(3)　スキームを選択する際の視点　119
　　　　① 経営統合によるシナジー効果の実現のスピード　119
　　　　② 経営統合が与える対外的な印象　120
　　　　③ 経営統合に伴う人事制度や情報システムの統一・統合の問題　120
　　　　④ 当事会社が保持する事業上の重要な許認可の有無　121
　　　　⑤ 経営統合の会計処理・税務上の取扱い　121
■ 2　合併のスケジュール　122
　　(1)　効力発生日　122
　　(2)　株主総会等のスケジュール　123
　　(3)　各種許認可の承継・新規取得等に要する期間　123
　　(4)　合併後の人事制度、情報システム等の統合のための準備期間　124
　　(5)　その他の実務的な準備に要する期間　124
■ 3　基本合意書　126
　　(1)　本事例における基本合意書締結の意義　126
　　(2)　合併比率の記載　127
　　(3)　独占交渉条項　127
■ 4　デューディリジェンス　128
■ 5　経営統合に際して締結される契約　130
　　(1)　吸収合併契約　130
　　(2)　経営統合契約　132
■ 6　対抗提案の取扱い　135
　　(1)　問題点　135
　　(2)　経営統合に際しての取締役の判断　136
■ 7　委任状勧誘に関する対応　138

(1)　株主総会前の対処方針　　139
　(2)　株主総会の運営における対処方針　　139
■8　反対株主の株式買取請求への対応　　141

第5章　経営統合（グローバル／共同持株会社化）　　143

■1　共同株式移転のスキームとスケジュール　　146
■2　独占禁止法上の届出　　147
　(1)　一定の取引分野（市場）の画定　　148
　(2)　市場における競争の実質的制限の有無　　149
■3　海外競争当局への届出　　150
■4　米国証券法上の開示手続（F-4ファイリング）　　152
　(1)　金銭対価の取引　　155
　(2)　会社分割と株式交換を組み合わせたスキーム　　155
■5　本事例におけるスケジュール　　156
■6　競争法上の情報遮断の必要性（ガン・ジャンピング規制）　　158

第6章　公開買付け　　163

■1　買収のスキーム　　167
　(1)　公開買付制度の利用　　167
　(2)　スクイーズ・アウト手続　　170
　(3)　S社によるT社株式継続保有　　175
■2　本事例におけるスケジュール　　176
　(1)　関係当事者間の協議・交渉、デューディリジェンス　　178
　(2)　開示書類の準備　　179
　(3)　独占禁止法上の手続　　182
　(4)　株主の権利行使の基準日との関係（増配リスク）　　183

(5) 決算発表との関係　184

■3　公開買付けに際して締結する契約　187

　　(1) 公開買付者と大株主との間の応募契約　187

　　　① 公開買付者の公開買付け開始義務　188

　　　② 大株主の応募義務　189

　　　③ 表明保証　190

　　　④ 議決権に関する合意　191

　　　⑤ その他（取引の継続、再取得）　192

　　(2) 公開買付者と対象者との間の契約　192

■4　公正性担保措置・利益相反回避措置　196

　　(1) 概　説　196

　　(2) 本事例における対応　197

■5　価格決定申立て　200

　　(1) 概　要　200

　　(2) 価格決定申立ての争点　201

　　(3) 実務上の論点（仮払い）　202

第7章　合弁会社　207

■1　ライセンス契約の更新拒絶　210

■2　反対提案の作成　211

　　(1) 反対提案の作成方針　211

　　(2) Ｓ社による商品性改善の技術　211

　　(3) Ｔ社の顧客情報　212

　　(4) 合弁会社化の提案　212

■3　合弁契約の内容　214

　　(1) スキームの検討　214

　　(2) 合弁契約の概要　216

　　　① 出資比率　216

②　出資の方法　217
③　合弁会社の機関設計　218
④　取締役の選解任　218
⑤　代表取締役の選定・解職　220
⑥　合弁会社の意思決定（S社の拒否権）　221
⑦　S社からの従業員の出向・転籍　223
⑧　資金調達　224
⑨　競業避止義務　226
⑩　剰余金の配当　227
⑪　株式の譲渡制限、プットオプション・コールオプション等　227
⑫　デッドロック　229
⑬　契約違反　230
⑭　合弁契約の終了　231
⑮　紛争処理（仲裁条項）　231

■4　少数株主の利益保護　232

（1）少数株主の経営介入・関与権　232
（2）少数株主の利益保護方法　233

事例一覧

第1章 株式の譲渡
1-1 買収手続の流れ　2
1-2 守秘義務契約・デューディリジェンス　9
1-3 基本合意書　15
1-4 株式譲渡契約　17
1-5 前提条件の不充足（表明保証違反）　29

第2章 事業の譲渡
2-1 買収のスキーム　34
2-2 吸収分割のスケジュール　42
2-3 デューディリジェンス　48
2-4 吸収分割に関する契約　52
2-5 前提条件の不充足（充足の遅延）　64

第3章 海外事業を含む子会社の譲渡
3-1 買収取引の開示　68
3-2 独占禁止法上の手続　77
3-3 海外事業買収のスキーム　82
3-4 株式および海外事業の譲渡に関する契約　97
3-5 前提条件の不充足（移管手続の未了・MAC）　107

第4章 経営統合（国内／合併）
4-1 統合のスキームとスケジュール　114
4-2 基本合意書　125
4-3 デューディリジェンス　128
4-4 経営統合に関する契約　130

事例一覧

- 4-5　対抗提案　134
- 4-6　株主総会と委任状勧誘　138
- 4-7　反対株主の株式買取請求　140

第5章　経営統合（グローバル／共同持株会社化）

- 5-1　統合のスキームとスケジュール　144
- 5-2　デューディリジェンスとガン・ジャンピング規制　157

第6章　公開買付け

- 6-1　買収のスキームとスケジュール　164
- 6-2　公開買付けに関する契約　187
- 6-3　公正性担保措置・利益相反回避措置　195
- 6-4　価格決定申立て　199

第7章　合弁会社

- 7-1　ライセンス契約更新拒絶通知　208
- 7-2　合弁会社化の提案　213
- 7-3　少数株主の権利保護　231

column 一覧

第1章　株式の譲渡
1-1　入札（ビッド）方式による場合の取引の流れ・留意点　7
1-2　売主が個人またはファンドの場合の留意点　24

第2章　事業の譲渡
2-1　簡易分割と簡易の事業譲渡等　37

第3章　海外事業を含む子会社の譲渡
3-1　ハーフィンダール・ハーシュマン・インデックス（HHI）およびセーフハーバー　80
3-2　汚職防止法制（FCPA・UKBA）　95
3-3　インドネシア法人の発行済全株式を取得する場合に必要となる手続　101
3-4　インドネシア法に関連する留意点　102

第4章　経営統合（国内／合併）
4-1　経営統合契約における表明保証条項に関する考え方　133
4-2　経営判断の原則　135

第5章　経営統合（グローバル／共同持株会社化）
5-1　F-4ファイリングに伴う当事会社の実務負担　153
5-2　F-4ファイリングの代表的な適用除外事由――10％ルール　154

第6章　公開買付け
6-1　平成29年度税制改正におけるスクイーズ・アウト関連の改正　172
6-2　米国証券法の域外適用　185

column 一覧

6-3　インサイダー取引規制　　193

6-4　LBO の概要・株式譲渡契約に係る留意点　　203

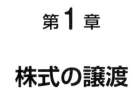

第1章

株式の譲渡

第1章　株式の譲渡

事例1-1　買収手続の流れ

　P社は、非上場ながら年間売上高が50億円に達する北関東を拠点とする引越し業者である。独自のきめ細やかなサービスが評判で、足元の業績は好調であるが、慢性的な人手不足のためドライバーや作業員を思うように増員することができず、繁忙期を中心に、注文があっても断らざるを得ない事態に陥っていた。そうした折り、平成29年10月下旬、P社は、メインバンクの地銀から、引越し業を営む子会社の売却を考えている企業があるが、興味はないかと尋ねられたので、買収によりドライバーと作業員を手に入れられるのであれば、人手不足問題の解消につながると考え、その企業を紹介してくれるよう依頼した。地銀担当者によると、子会社売却を考えている企業は、北関東で倉庫業を営むS社であり、同社は本業の倉庫業とのシナジーを期待して、傘下に引越し業を営む100％子会社であるT社を設立して運営してきたが、年間売上高が10億円に達したあたりで成長が頭打ちとなり、また、思ったほど本業の倉庫業とのシナジーも生じなかったことから、黒字体質の間に売却し、売却代金を既存の倉庫のIT化を進めるための資金に充てたいと考えているとのことであった。

　平成29年11月初旬、P社社長Aは、地銀の仲介で、S社社長と会った。P社社長Aは、T社の概要およびS社の売却意思が確認でき、P社としてT社の買収に向けて本格的に取り組んでもよいと思うに至ったので、T社の買収に向けて、自らの長男でP社で専務取締役を務めるBをリーダーとする特命チームを社内に組成し、T社の調査やS社との交渉にあたらせることにした。P社は、これまで零細な運送会社を買収したことはあっても、今回のような規模の会社を買収するのは初めてであったので、地銀担

当者の勧めに従い、法律事務所と会計事務所も雇って買収に取り組むことにした。

まず、特命チームリーダーのBは、T社の買収をどう進めたらよいか、法律事務所に相談した。

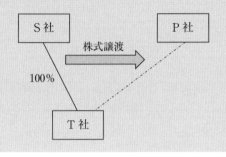

1　買収手続の流れ

(1)　概　要

まず、本事例のようないわゆる「相対」と呼ばれる株式譲渡取引[1]）がどのような流れをたどるのかを俯瞰する。

株式譲渡取引に限らず、企業買収（M&A）取引開始のきっかけは様々であるが、本事例のように、さらに手続を進めることになった場合のステップは、概ね図表1-1のフローチャートのとおりである。

1）　一般に企業買収においては、「相対」による取引の他に、「入札」による取引がある。「入札」の場合には、複数の買主候補が売主の定める手続に則って買収条件を出して競争した後に買主が確定することになるので、「相対」取引とは少し手続の流れが変わってくる。

第1章　株式の譲渡

[図表1-1：買収手続の流れ]

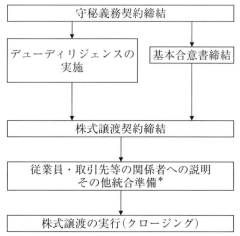

＊本事例では不要ではあるが、案件によっては以下の検討が必要な場合がある。
① 公正取引委員会への届出前相談や株式取得届出（30日の待機期間あり）（買主グループと対象会社およびその子会社の売上規模などによる）
② 株主の変更に伴う許認可等上の手続（対象会社が取得している許認可等による）

(2)　守秘義務契約締結・デューディリジェンスの実施

　まず、P社としては、T社買収の検討に際して、同社を法務、会計、税務、ビジネスなどの観点から精査するデューディリジェンスというプロセスを経るのが通常である。デューディリジェンスにおいては、T社に関する様々な情報がP社に開示されることになるため、これに先だって、まず、P社とS社の間で守秘義務契約が締結される（守秘義務契約のポイントについては本章■2参照）。

　法務の観点から行うデューディリジェンスは、P社およびその弁護士が中心となり、T社の買収を実行する上で重大な障害となり得る法的な問題点の有無・内容を確認することとT社に関する重大な法的リ

スクを把握することが主要な目的となる。デューディリジェンスにかかる期間は、会社の規模や事業の複雑さだけではなく、全体の買収プロセスのスピード感などにより様々であるが、おおよそ1〜2か月ほどである（法務デューディリジェンスのポイントについては本章 3参照）。

(3) 基本合意書締結

　株式譲渡契約の交渉を開始する前に買主と売主の間で基本合意書を締結することがある。その内容は、株式譲渡に関して今後協議する意思を確認するだけのものから比較的詳細に株式譲渡の条件を定めるものまで様々である。タイミングについても、基本合意書を締結したことを公表することを前提としてデューディリジェンスの前に締結することもあれば、入札などの場合に買主候補1社に独占交渉権を与えるためにデューディリジェンスを終えてから締結することもある。

　本事例では、デューディリジェンスや買収交渉の進捗状況によって基本合意書の要否を検討することになろう（基本合意書のポイントについては本章 4参照）。

(4) 株式譲渡契約締結

　デューディリジェンス終了後、または、デューディリジェンスが相当程度進んだタイミング、つまり、P社にとってT社の概要がみえてきた段階で、株式譲渡契約の交渉を始めることになる。つまり、P社は、デューディリジェンスによって、T社の株式の価値を評価し、その他T社の問題点について把握した上で、これらを踏まえて、S社との間で、T社株式の買収価格その他株式譲渡の条件を交渉する（株式譲渡契約のポイントについては本章 5参照）。

第1章　株式の譲渡

(5) 関係者への説明その他

　株式譲渡契約締結後株式譲渡の実行までの間、必要に応じて、株式が譲渡され、親会社が変わることに関する関係者への説明その他の統合準備を進めることになる。
　関係者への説明のうち、典型的なものは、親会社の変更に伴うT社の従業員や重要な取引先への説明である。特に、T社が取引先などと締結している契約に、株主の変更を解除事由などにしている規定（いわゆるチェンジオブコントロール（Change of Control）条項）があるときには、その契約の相手先から解除権を行使しない旨などの承諾をとることが必要になる場合もある。このような契約がない場合、かつ、本事例のように、公正取引委員会への届出や許認可等に関する手続が不要な場合は、株式譲渡が株式譲渡契約の締結日に実行されることもある。

(6) 株式譲渡の実行

　「株式譲渡の実行」とは、いわゆるクロージングと呼ばれる手続であり、つまり、株式の譲渡とその対価の支払いの実行を指す。通常は、S社が、T社の株券（株券発行会社の場合）またはS社の押印した株式名義書換請求書（株券不発行会社の場合）をP社に交付し、P社が、これと引換えに買収価格をS社の銀行口座に振り込む方法で支払うことにより行われる手続である。これらの手続の完了により、T社の株式のP社への譲渡は完了することになる。

> **column 1-1** 入札(ビッド)方式による場合の取引の流れ・留意点

　M&Aのプロセスは、当初から特定の売主と買主との間の交渉を前提とした「相対」取引の方式で進められる場合ばかりではなく、売主が主導する「入札(ビッド)」方式で進められることも珍しくない。入札方式による場合、その手続は、複数の段階に分けて進められることが多い(一般に2段階で行われることが多いことから、以下の記述も2段階の入札による場合を前提とする)。なお、「入札」といっても一般に公募されるわけではなく、ファイナンシャル・アドバイザーを通じて、取引に関心を示しそうな買主候補に打診するなどして一定数の候補の参加を募り、機密性を保ちながら行われるものである。

　第1次入札の段階では多数(案件によっては数十社)の買主候補が存在する場合もあるところ、多数の買主候補すべてに対し、詳細なデューディリジェンス等を実施させることは、対象会社の実務負担の観点から現実的ではないので、まずは買主候補の数を一定程度までに絞り込むことを目的として、第1次入札が行われる。なお、入札の手順およびスケジュールに関しては、売主の起用したファイナンシャル・アドバイザーが作成した説明資料(プロセスレター等と呼ばれる)が各買主候補に対して提示され、当該説明資料の内容に従って行われることが、実務上一般的である。

　第1次入札の段階では、まず、売主と各買主候補との間で守秘義務契約が締結された後に、売主から各買主候補に対して、対象会社の事業および財務に関する基本的な情報を記載した資料(インフォメーション・パッケージ等と呼ばれる)が提供される。買主候補は、当該資料の記載内容を踏まえて、売主に提示する価格を決定の上、第1次入札を行う。売主は、入札内容を比較して買主候補を(通常は数社程度までに)絞り込み、選抜された買主候補のみが第2次入札のプロセスに進むことになる。

　第2次入札の段階では、各分野(すなわち、財務・税務、ビジネス、法務等)に関して詳細なデューディリジェンスが行われる。法務デューディリジェンスも第2次入札の段階から実施されることが通常である。

デューディリジェンスの開始から第2次入札の提出までの期間は、案件にもよるものの、数週間程度と非常に短期間に設定されることが多い。買主候補は、この短期間で、各分野のデューディリジェンスの実施に加えて、デューディリジェンスの結果を踏まえた最終意向表明書（最終意向表明書の記載項目については事前に売主から指定されることが通常である）および売主側の希望する最終契約書（株式譲渡契約書等）の案文に買主候補の希望する修正案（マークアップ）を用意して提出する必要がある。さらに、入札案件においては、複数の買主候補の行うデューディリジェンスに対応する対象会社の実務負担を軽減するために、書面ベースでの質問数やインタビューの時間を極端に制限する等の対応を売主がとることもある。したがって、一般に、買主候補のアドバイザーは、相対取引の場合に比べて制約の多い条件下で効率的にデューディリジェンスを行うことが求められる。

　売主は、各買主候補から提出された最終意向表明書および最終契約書案のマークアップを比較して、最終的な買主候補を決定し、当該候補との間で契約締結に向けた交渉を行う。なお、入札手続はあくまで売主主導の取引形態であることから、第2次入札において複数の買主候補の提示した条件が拮抗している場合には、①最有力候補との交渉を短期間にまとめる前提で、取引が妥結しなかった場合に備え2番目の候補を一定期間待機させておくことで、最低限競争環境を維持する方法や、②入札後一定期間にわたり売主と複数の買主候補との間で並行して契約交渉を行い、最終局面に至って買主を決定する方法が採られることもある。後者（②）の場合には、売主としては最大限自己に有利な条件を引き出せることとなる反面、その実務負担は非常に重いものとなる。

> **事例1-2　守秘義務契約・デューディリジェンス**
>
> 　法律事務所の説明を受けて、P社特命チームリーダーのBは、早速守秘義務契約の作成を法律事務所に依頼し、さらに法律事務所と会計事務所にデューディリジェンスを依頼した。特にデューディリジェンスでの調査範囲・項目については、P社には経験も知識もないので、P社から法律事務所と会計事務所に対して引越し業界で発生しがちな問題を説明したうえで、法律事務所および会計事務所と相談しつつ、決定した。

2　守秘義務契約

　守秘義務契約は、機密情報について、①機密性を保持する義務、および、②対象となる取引検討の目的外に使用しない義務を負わせることを主要な目的としている。上述のとおり、買収プロセスの初めの段階でS社とP社の間で締結される。

　株式譲渡取引の場合、守秘義務の対象となる機密情報は、主にデューディリジェンスなどの過程においてP社に対して提供されるT社に関する情報である。したがって、P社のみが守秘義務を負うという内容の差入書といった形式をとることも少なくない。しかしながら、株式譲渡取引において機密性を保持すべき「機密情報」は、T社に関する情報のみならず、T社の買収に関する検討・交渉が行われている事実やその内容も含まれるべきことから、P社としては、P社およびS社の双方が守秘義務等を負う双方向の契約書とすることを求めるのが合理的であろう。

　しかしながら、株式譲渡取引においてはやはりP社が守秘義務を負

うべき情報の方が圧倒的に多く、守秘義務契約が主としてP社が義務を負うこととなる契約であることには変わりない。この点、P社の立場からは、守秘義務の内容をできるだけ軽くすることがポイントとなる。例えば、以下のような規定の要否・範囲が問題になろう。

① 守秘義務の期間：守秘義務契約締結日から1～3年程度が通常みられる期間の設定であるが、P社としてはより短い期間を要求することになる。この守秘義務の期間は、やりとりされる機密情報がどの程度の期間が経過すると陳腐化するか（重要性がなくなるか）という要素を考慮して定められることが多い。
② 機密情報の返還：取引の検討を取りやめた場合、機密情報を廃棄または売主に返還する旨の規定がおかれることが少なくない。廃棄・返還の範囲について、機密情報のコピーだけではなく、その一部を記載した内部資料も含むことがある。また、売主が、廃棄または返還のいずれかを選択し、これを買主に要求できることになっている場合もある。P社としては、廃棄の範囲については、実務上対応可能な範囲に止めるべきである。また、例えば内部資料など必ずしも「返還」が適当ではないものもあり、廃棄または返還のいずれかについてS社が完全にその裁量で選べるといった規定には注意が必要である。

■3　デューディリジェンス

　法務の観点からのデューディリジェンス（Legal Due Diligence）の目的は、上述のとおり、主として①取引を実行する上で重大な障害となり得る法的な問題点の有無・内容の確認、②取引を実行した場合の対象会社に関する重大な法的リスクの確認、などとされる。また、取引実行のために必要な手続の確認も目的のひとつといえる。デューディ

リジェンスで発見された事項やデューディリジェンスにおいて十分に精査できなかった事項については、何らかの形で買収価格や他の株式譲渡契約の条件に反映させるといった対応が必要になる。

法務デューディリジェンスにおいて精査すべき項目について、特に本事例においてポイントとなる点を以下いくつか挙げる。

(1) 会社組織

T社の定款や社内規則、株主総会議事録や取締役会議事録などを検討し、例えば以下の事項を把握・確認する。

① T社の取締役会や監査役の有無などT社の機関設計の詳細を把握する。P社による買収後の変更の要否、特に退任させるべき取締役の有無および任期途中でやめさせることの問題点などを確認する。

② T社においてその株式譲渡にあたって定款や社内規則上必要とされる手続の有無・内容、典型的なものとしては株式譲渡制限の有無などを把握する。

上記以外に、株主総会議事録や取締役会議事録の検討を通じてT社に関する問題点発見を試みることになる。

(2) 株式・株主との関係

T社の株主名簿などを通じて、T社株式の過去の譲渡の有効性を含め、S社が現在T社株式を有効に保有していることなどを確認する。

また、S社グループとT社の取引関係など（取引関係に限らず、例えば、資金供与、ITシステムの共用や総務・人事関連サービスの提供、商標の

利用や福利厚生制度の利用などが考えられる）の内容を確認し、T社がS社グループを離脱することに伴う問題点（いわゆるStand-Alone Issue）の有無・内容を確認する。また、T社の役職員のうち、S社グループから出向・派遣されている者の詳細（役員については特定し、職員については少なくとも数や役職などを把握する）も確認対象である。

(3)　グループ会社・M&A

　T社に子会社・関係会社がある場合、その関係などを把握し、さらに、特に子会社については（重要度にはよるものの）子会社自身の概要も精査することになる。

　また、T社が過去にM&Aを行っていた場合、その有効性などを確認することになる。特に、T社が売主となっていたM&Aについては、売却した会社や事業に関してT社が行った表明保証の内容や違反の責任を問われるリスク、また、T社が競業避止義務を負っている場合には、P社による買収後の影響を把握することになる。競業避止義務については、T社の事業に対する制約に限らず、T社の親会社などの事業も制約しようとするものか否かも問題となる。また、T社が事業譲渡や会社分割により事業の一部を譲渡していた場合、法令上の競業避止義務を排除する明文規定を置いていないときには、かかる義務を負うことになる点も注意が必要である。

(4)　資　産

　T社が所有・使用している資産（不動産、動産や知的財産権）についてその権利関係を確認する。具体的には、以下の点が問題になろう。

　①　T社の本社・営業所や駐車場などの不動産のうち、所有してい

るものについては不動産登記などにより、権利関係を確認する。また、賃借しているものについては、賃貸借契約を確認し、T社株式買収後も引き続き利用することに支障となる規定（チェンジオブコントロール条項に加えて、T社にとって一方的に不利な規定など）などを確認する。賃借不動産については、反対にT社株式買収後に拠点の統廃合を計画しているのであれば、中途解約の可否などを確認することになる。
② T社において重要な動産としてはまずトラックが考えられるが、所有またはリースなのかの確認、所有の場合は登録状況、リースの場合はリース契約の内容を確認することになる。リース契約については、不動産賃貸借契約と同様、株式買収後の継続性などを確認することになる。
③ T社が使用しているITシステムについてその権利関係を確認する。
④ その他、資産の項目では知的財産権についてその権利関係（登録状況やライセンス契約）や紛争の有無を確認することが多いが、T社の場合は、業種や事業規模を考えると、知的財産権は重要な資産ではなく、大きな問題にならないものと考えられる。ただし、P社がT社買収後もT社のブランドを維持して事業展開を考えている場合などは、商標権の権利関係の確認は必要となろう。

(5) **資金調達**

T社の資金調達の状況や関連する契約（金銭消費貸借契約や担保権設定契約など）を確認する。株式譲渡実行後の借換えなどを予定している場合には期限前弁済の可否、また、引き続き借り入れることを予定している場合はチェンジオブコントロール条項などの有無を確認する

ことになる。100％親会社であるＳ社やそのグループ会社から資金を借り入れていたり、銀行借入れの連帯保証をしてもらっている場合も多いので、この点も要確認事項、となろう。

　また、Ｔ社の保証債務その他潜在債務の内容も確認する。

(6) 事　業

　Ｔ社の事業の概要を把握し、事業に関する契約について、①チェンジオブコントロール条項、②競業避止義務などＴ社の事業を制約し得る条項、③その他通常みられない条項の有無などを確認するのが通常である。しかしながら、Ｔ社の場合、顧客との間の契約のひな型などの確認が中心となると思われることから、通常は上記の①～③のような条項が存在することは考えにくい（競業避止義務については前出(3)も参照）。

(7) 人事・労務

　Ｔ社における労働関連法規の遵守状況、従業員との間の紛争の有無などを確認する。特にいわゆるサービス残業などによる未払賃金の有無やインパクトなどが問題となることが多い。また、Ｔ社の場合、引越し作業中の交通事故や負傷など労災の状況の確認や繁忙期に請負名目で人員派遣を受けるなどの偽装請負の問題の有無も重要になる。

(8) 許認可・コンプライアンス

　Ｔ社における許認可（貨物自動車運送事業法に基づく貨物軽自動車運送事業の届出や一般自動車貨物運送事業の許可など）に関しその取得状況（事業の実態に照らして過不足なく許認可を取得しているか否かの検討を含

む）などを把握することになる。

　また、T社における個人情報保護法などの法令遵守の体制・状況を、過去に生じた違反事例なども含めて確認する。T社の場合、引越しを巡る顧客とのトラブルが一定数あることが推測されるが、かかるトラブルを避けるための従業員の研修体制なども精査することになろう。

(9) 紛　争

　T社における現在係属中の訴訟や現在存在する紛争、過去の紛争、潜在的な紛争についてその内容を確認する。潜在的な紛争については、T社自身の認識に加えて、実際にT社が受けているクレームなども確認し、潜在債務につながりそうな潜在的な紛争を把握する。また、T社における紛争やクレームの傾向からT社の事業上の問題点を確認する。

事例1-3　基本合意書

　平成29年11月中旬に守秘義務契約が締結され、デューディリジェンスも少し進み、T社の概要が少し見えてきたところで、P社特命チームリーダーのBは、S社担当者との間で、買収価格や取引スケジュールなどについて協議を始めた。P社にとっては、平成30年3〜4月の繁忙期を考えると、可能であれば平成30年1月中、遅くとも2月中には、この買収取引を完了させることが大変重要であり、S社に提示した買収価格も、このことが前提になっていた。そこで、P社としてはデューディリジェンスは未了であるが、取引の主要条項についてはある程度合意ができたので、法律事務所の勧めに従い、ここまでの合意事項を基本合意書にまとめることにした。

第1章　株式の譲渡

■ 4　基本合意書

　上述のとおり、M&A 取引で締結される基本合意書はその内容も締結のタイミングも千差万別である。本事例の場合、売主 S 社との間である程度合意に達した主要条項について、時機を逃さず書面化することが基本合意書の主要な目的となろう。

　まず、株式譲渡について、買収価格その他合意済みの主要条件を規定する。買収価格以外には、例えば、株式譲渡実行の前提条件や補償に関する条件などで合意した事項があれば記載することになろう。

　上記の条件について、①法的拘束力あるものとするのか、②法的拘束力のない基本合意書締結時点における当事者の認識を書面化したのみのものとするのか、が問題となる。基本合意書に記載した主要条件が P 社にとって有利なものであれば、法的拘束力をもたせることも選択肢の一つではあろう。しかしながら、デューディリジェンスが進むと T 社における具体的な潜在債務の存在など買収価格を下げるべき要素が発見されることが多い。したがって、P 社としては法的拘束力をもたせないこととすることが通常である。法的拘束力を持たせるとしても、少なくとも①デューディリジェンス等により株式譲渡契約締結までに新たな事実が発見されないことおよび②平成 30 年 2 月末までに株式譲渡が実行できること（または（例えば）平成 30 年 2 月 14 日までに株式譲渡契約が締結できること）を法的拘束力維持の前提条件とすべきであろう。

　なお、株式譲渡の主要条件に法的拘束力を持たせないとしても、基本合意書には、株式譲渡実行までのスケジュールを規定することが望ましい。

　基本合意書には上記の他に独占交渉権やデューディリジェンスへの協力義務などを定めることがある。本事例では、他に潜在的な買主候補がいるのであれば、P 社としては独占交渉権を要求することも考え

られよう。

> **事例 1-4　株式譲渡契約**
>
> 　平成29年12月中旬、デューディリジェンスが終盤にさしかかり、T社の実情がほぼわかってきたところで、P社特命チームリーダーのBは、S社担当者との間で、株式譲渡契約の交渉を進めることにした。デューディリジェンスの結果、T社には①引越し作業中に家具に傷を付けたとして顧客から損害賠償請求を受け、訴訟中の紛争が1件あること（T社は、その傷はもともとあったものと主張している）、②ドライバーについていわゆるサービス残業の問題があること、③T社はS社からの2億円の長期借入金があること、④T社のトラックのリース契約上のT社の債務についてS社が連帯保証をしていること、⑤③および④以外には両社間に特段の取引関係がないことが判明している。P社としては、株式譲渡契約の中で、これらの発見事項についての手当てをしたいと考えている。

■ 5　株式譲渡契約

(1)　概　要

　株式譲渡契約の構成としてよく見られるものは図表1-2記載のとおりである。

　P社にとって重要な規定は、当然のことながら案件個別の事情によることになるが、株式譲渡契約の交渉に際しては図表1-2(c)～(e)および(g)の規定に特に時間を割かれることが多い。

[図表1-2：株式譲渡契約のポイント]

項目	内容
(a)株式譲渡取引の概要	本件の取引の大枠を規定する。 ・株式を譲渡する旨の規定 ・譲渡価格の規定 ・価格調整に関する規定
(b)クロージング	株式譲渡の実行（クロージング）の手続を規定する。 ・クロージングの日時や場所の規定 ・クロージング時に必要な手続（株式名義書換請求書の交付や買収価格の支払方法）の規定 ・その他
(c)前提条件	それぞれの当事者がクロージングを行う義務の実行の前提条件を定める。 　（買主の義務の前提条件） ・売主に表明保証や義務の重大な違反がないこと ・株式譲渡に必要な許認可が取得できていること ・対象会社に重大な変更が生じていないこと ・対象会社の重要な取引先からの株式譲渡の承諾が取得できていること ・その他 　（売主の義務の前提条件） ・買主に表明保証や義務の重大な違反がないこと ・株式譲渡に必要な許認可が取得できていること ・その他
(d)表明保証	当事者それぞれが一定の事項の正確性を表明し、保証する。 　（売主および買主が自己について表明保証する事項） ・それぞれの有効な設立 ・授権手続の履行 ・株式譲渡契約の有効な締結 ・その他 　（売主のみが自己について表明保証する事項） ・対象株式の有効な保有

	・本件取引において買主に対し完全な情報開示がされたこと （売主が対象会社について表明保証する事項） ・有効な設立 ・株式が有効に発行されていること ・計算書類が正確であること ・偶発債務がないこと ・資産の有効な所有権・使用権原があること ・従業員について労働関連法規を遵守していること、紛争がないこと ・環境問題がないこと ・訴訟がないこと ・法令遵守していること ・公租公課を適時に支払っていること ・その他
(e)クロージング前の誓約事項	<u>当事者がクロージングまでの間に行うべき事項を規定する。</u> ・売主が対象会社を通常の業務の範囲内で運営すべき規定 ・売主が、買主による対象会社の情報などへの一定のアクセスを認める規定 ・当事者がそれぞれ必要な社内手続をとるべきとする規定 ・第三者からの株式譲渡の承諾取得に関する努力義務の規定 ・許認可を取得すべき規定 ・その他
(f)クロージング後の誓約事項	当事者がクロージング後に遵守すべき事項を規定する。 ・競業禁止に関する規定 ・引抜き禁止に関する規定 ・その他

(g)補償規定	契約上の義務違反や表明保証違反に対する補償に関して規定する。 ・補償額の上限・下限の規定 ・補償請求の期間の規定 ・第三者からの請求がされた場合の規定 ・特別補償の規定 ・その他
(h)その他	・守秘義務規定 ・解除規定 ・一般条項 ・その他

(2) 前提条件

　前提条件とは、各当事者がクロージングを行う義務の実行の前提条件である。つまり、買主にとっては買収価格の支払義務発生の前提条件となる条件をいうもので、民法でいう停止条件である。買主としては、これらの前提条件がすべて満たされたまたは買主が自ら放棄した場合に、対価の支払義務が発生することになる。

　買主の前提条件を定める場合、必ずといってもいいほど規定されるのは、①売主の表明保証に重大な違反がないこと、②売主が履行すべき義務に重大な違反がないことである（なお、売主の義務についても、買主の表明保証や義務に関して同様の前提条件が定められるのが通常である）。買主側としては、通常、対象会社に関して「何か」が生じた場合のリスクを避け、また、対象会社を理想的な状況にしてから株式を買収したいという要請から、より多くの前提条件を求めることになる。他方、できるだけ確実に対象会社の株式を売却したい売主は、前提条件をより少なくしたいということになる。

　例えば、対象会社の事業にとって極めて重要な取引先があり、この

取引先との間の契約にチェンジオブコントロール条項がある場合などは、この取引先からの株主の変更の承諾取得を前提条件とすることがある。取引先の維持に限らず、対象会社の企業価値の維持のために必須な事項がある場合、それらを個別具体的に前提条件として規定することになろう。

また、買主として、前提条件に規定することを要求することが多いのは、「契約締結日以降対象会社の事業、資産、財務その他の状況に重大な悪影響を及ぼす事由が生じていないこと」といういわゆるMAC（Material Adverse Change）条項である。買主側として契約締結時点では具体的には想定できない事態が生じた場合のリスクを包括的に回避しようと試みる規定である。他方、確実に対象会社を売却したい売主側としては避けたい規定であり、当事者間で揉めることが少なくない規定である。

(3) クロージング前の誓約事項

株式譲渡契約には、契約締結後クロージングまでの買主および売主の義務が規定される。ここでは、①クロージングまでに必要な手続をとることの確保と、②売主に対象会社を一定の状態に維持する義務を負わせること、などが定められる。

①については、買主や売主における社内手続や許認可取得についての規定が典型的である。公正取引委員会への株式取得届出の提出は法律上買主の義務であるから、株式譲渡契約上もここで買主の義務として規定される。

②については、クロージングまでの間、売主が、(a)対象会社を通常の業務の範囲内で運営し、同時に、(b)対象会社に組織変更、多額の投資、剰余金の配当など特定の事項をさせない、という規定が典型的なものである。

また、買主としては、デューディリジェンスの結果を踏まえ、どのような規定が必要かを検討することになる。例えば、株式譲渡後も継続することが必要な対象会社の契約のうち、チェンジオブコントロール条項があるものについて、相手方からの株主の変更の承諾を得ることの努力義務（または義務）を売主に負わせる規定などの要否が問題になる。既述のとおり、チェンジオブコントロール条項がある契約の相手方からの承諾の取得は前提条件においても問題になるが、前提条件には規定しない場合でも、クロージング前の誓約事項として努力義務の限りで規定することは多くみられる。

(4) 表明保証

表明保証とは、上述のとおり、売主および買主が自己に関する一定の事項について、また、売主が対象会社に関する、一定の事項について、それらが正確であることを、表明し、保証するものである。多くの場合、表明保証の時点は契約締結時およびクロージング時となる。一方当事者（多くは売主）が表明保証した内容に違反があった場合、他方当事者（多くは買主）は、株式譲渡契約を解除する、株式譲渡を実行する義務（買主にとっては代金を支払う義務）から解放される、または、違反をした当事者に対して補償請求をすることになる。

株式譲渡契約の交渉において、表明保証に関しては、対象会社に関する事項について売主にどこまで表明保証を求めるのかが問題となる。買主としては、株式譲渡契約後に新たに対象会社に関する問題点が発見された場合のリスクヘッジを求めて、通常は、より多くの項目に関してより広い範囲で表明保証をしてもらうことを目指すことになる。また、個々の表明保証事項について「売主の知る限り」または「売主の知り得る限り」や、「重大な」といった限定をどこまで付けるのか、といったことも問題になる。デューディリジェンスに際して十分な資

料開示がなされなかった事項や、T社の事業に固有のリスクなどに関しては、特に厚めの表明保証を求めることになろう。

なお、既に売主が認識している特定の事項が表明保証の違反を構成する場合は、そのような事項を特定して表明保証の例外として定めることが通常である。例えば、「対象会社において係属中の訴訟はない」という表明保証に関して、実際には訴訟がある場合、かかる訴訟を特定して、「○○と□□の間の△△に関する訴訟を除き、対象会社において係属中の訴訟はない」といった記載にすることになる。

表明保証に関しては、買主が既にデューディリジェンスなどで知っていた事項について売主に対して表明保証違反に基づく責任を問えないとする規定を求められることがある。買主としては、逆にデューディリジェンスで知っていたか否かにかかわらず、表明保証した事項に違反があれば売主に責任を問える旨の規定を求めることになろう。いずれの規定もない場合、判例なども踏まえると、裁判所は買主が既に知っていた事項や重過失によって知らなかった事項については売主の表明保証違反の責任を認めない可能性が高い。

(5) 補　償

株式譲渡契約上の相手方の義務の違反や表明保証の違反に対する補償責任を定める規定である。この規定がない場合は、民法の原則により相当因果関係の範囲内で損害賠償責任を負うことになるが、通常、補償規定はこの損害賠償責任を制限する方向のものである。典型的には、補償額の上限や、請求が可能な補償の最低額、また表明保証の違反について補償請求が可能な期間を限定するといった規定がおかれる。

補償責任については、当事者は主として売主による対象会社に関する表明保証違反の場合の補償責任を念頭においており、買主としては補償責任の限定を広げる方向で交渉することになる。

第1章　株式の譲渡

　また、株式譲渡契約締結時点では既に明らかになっている事項であることから表明保証の例外とされているものの、将来顕在化しうるリスクが存在する場合がある。環境問題やクロージングの時点で係属中の訴訟などである。これらのリスクについては、特別補償という形で、損害の原因となる事由を特定して、特別な補償の規定を置くこともある。

> **column 1-2**　売主が個人またはファンドの場合の留意点
>
> 　本書の事例においては、取引の当事者として、実際に事業に従事している事業会社のみを取り扱っている。しかし、事業会社以外の者、例えば、個人やファンドが、取引（特に、株式譲渡取引）の売主になることも少なくない（ファンドの場合は買主になることも多い）。個人またはファンドが売主となる場合には、買主としては以下のような事項に特別な留意が必要となることがある（なお、ファンドが買主となる場合の留意点については **column 6-4** を参照）。
>
> 　① 補償請求の実効性
> 　株式譲渡取引の売主が個人またはファンドである場合には、将来資産を失っている可能性やその存在自体がなくなっている可能性が事業会社と比べて高いため、特に補償請求の実効性に留意する必要がある。
> 　具体的には、売主が個人の場合、買主として補償請求を行おうとしたときには、既に受領したはずの株式譲渡代金を費消し、補償額を支払う資力がなくなっているリスクや、死亡・行方不明になってしまうリスクが否定できない。また、売主がファンド（正確には、ファンドの下で直接対象会社の株式を保有する法人（SPC））の場合、投資家との関係上、対象会社株式を売却した後、早期に損益を確定させ、投資家に対して分配する必要があるため、将来にわたり長期的な潜在債務となる補償義務を負うことを非常に嫌い、また、実際、株式譲渡取引後、株式譲渡代金を回収して株式譲渡契約の当事者となる SPC を解散してしまうことが一般的である。したがって、株式譲渡取引完了後の補償請

求時には、売主たる SPC が存在しなかったり、資力がないことが多い。

以上のようなリスクを踏まえた場合、まず、株式譲渡契約締結前に通常よりも慎重にデューディリジェンスを行う必要があろう。既述のとおり、合併などと同様、事実上、事後的な救済を期待できない可能性が高いため、予め株式譲渡価格に反映させるべきリスクの有無について十分に把握しておく必要性が高いためである（第 4 章■4 参照）。

また、株式譲渡契約上の手当てとしては以下のものが考えられる。

(a) 補償期間が経過するまで株式譲渡代金の一部を買主において留保する。
(b) 補償期間が経過するまで株式譲渡代金の一部を第三者（金融機関など）に預託する（いわゆるエスクローの設定）。
(c) 表明保証保険などを利用する。
(d) 株式譲渡価格を減額する。

(a)および(b)は将来の補償額の支払いを確実にするための手当てであるが、実質的には代金の一部後払いと変わらないこともあり、そもそも売主が強く抵抗することが多い。また、(b)のエスクローサービスや(c)の表明保証保険は、相応のコストがかかることもあり、まだ日本では利用されることが少ない。結局、実際はデューディリジェンスにおいて発見されたリスク要因を可能な限り株式譲渡価格に織り込むことで対応すること（上記(d)）が少なくないであろう。

② 個人売主の本人確認および行為能力の確認

売主が個人の場合、売主自らが契約を締結したこと（すなわち、なりすまし等でないこと）を確認する必要性が会社を相手にする場合よりも一般的に高い。

本人確認は、買主やその代理人が当該売主本人と面会して、写真付の公的身分証明書（運転免許証やパスポート等）を用いて行った上で、契約締結時は面前で署名または押印をしてもらうことが考えられよう。売主の実印を押印する方法で契約を締結し、印鑑証明書を添付する場合もあろう。

さらに、売主が制限行為能力者である場合には、当該売主と締結した契約が事後的に取り消されるリスク（民法9条等参照）が生じる。そこで、この点懸念がある場合は、念のため、売主に「登記されていないことの証明書」（法務局で取得することができる、売主が成年被後見人等として登記されていないことを証する証明書（後見登記等に関する法律10条1項および2項参照））を提出させることも検討できるだろう。なお、仮に、売主が制限行為能力者であることが判明したような場合には、成年後見人を代理人として契約を締結する（民法859条1項）、保佐人から同意を取得する（同法13条1項3号）というように、法定の手続を経て契約を締結する必要があることとなる。

③ その他売主が個人の場合の留意点

①および②の点に加えて、売主が個人の場合に論点となることが多い点として以下のような事項が挙げられる（なお、いずれも売主が事業会社の場合でも問題になり得る事項ではある）。

(a) オーナー以外の株主

売主が個人の場合、つまり対象会社がオーナー企業である場合には、相続や創業時等に知人や役職員に株式を引き受けてもらっていたりすることにより株式が分散し、多数の個人少数株主が存在することがある。契約を含めた譲渡手続の容易さなどといった理由から、買主としては一旦オーナーである売主においてすべての株式を買い集めた後に、全株式を1名の売主から譲り受ける、という方法を希望するのが通常である。しかしながら、何らかの理由でかかる方法を選択できない場合、極めて手続が煩雑になることになろう。

(b) 売主のリテンション

売主が個人の場合、売主自身が対象会社の経営に深く関与し、対象会社にとって必要不可欠な存在になっているといえるような場合も少なくない。この場合に売主が対象会社の株式をすべて売却した後、少なくとも一定期間、対象会社にとどまってもらうための条件を検討する必要がある。かかる契約（委任契約など）の締結が対象会社株式の譲渡のクロージングの前提条件になることも多い。

■6 本事例における契約上の手当て

それでは、本事例におけるデューディリジェンスで発見した事項については、具体的に株式譲渡契約においてどのような手当てが考えられるであろうか。

(1) 顧客からの損害賠償請求

T社においては、顧客から引越し作業中に家具に傷を付けたことを理由とする損害賠償請求訴訟が係属中である。

もっとも簡単な方法は、請求されている賠償相当額を基本合意書で定めた買収価格から差し引くことである。ただし、T社としてはこの訴訟は理由のないものと考えていることから、S社がこれを受諾するとは考えにくい。また、和解で解決する可能性が高いとしても、現時点で和解額を正確に見積もるのは難しく、買収価格からマイナスすべき金額についてP社とS社の間で合意を成立させるのは困難であろう。

そこで考えられるのは、特別補償である。■5(4)および(5)で述べたように、株式譲渡契約締結時点で明らかになっている事項については、通常は表明保証の対象からは除外されることになり、係属中の訴訟などはその典型である。したがって、将来T社がこの訴訟に敗訴し、損害を賠償することになった場合であっても、P社は、「T社には係属中の訴訟はない」ことや「T社には偶発債務はない」ことの表明保証違反をS社に問うことはできない。そこで、P社としては、「この顧客との損害賠償請求を原因としてT社に損害が生じた場合」と損害の原因を特定の上、このような場合にはS社に補償請求できる特別補償の規定を置くことを求めることで手当てすることが考えられる。S社は、

この特別補償規定により責任を負う金額の上限や期間を制限することを求める場合がある。

(2) サービス残業

サービス残業による未払賃金についても、予め合意した金額を買収価格から差し引くか、特別補償による対応が考えられる。買収価格の見直しに際しては、未払賃金額のみならず、P社による買収後に、サービス残業を解消することにより、人件費が上がり、利益率が下がることも考慮することが望ましい。また、T社としてはサービス残業はないという点を表明保証しているのであれば、通常の表明保証違反に基づく補償請求による対応もありうる。

(3) S社からの借入金・S社による保証

S社からの2億円の長期借入金については、S社としては、T社の株主でなくなるのと同時に返済を求めるのが通常であるから、クロージングと同時にP社が肩代わりをすることになる。方法としては、①S社の貸付金債権をP社に譲渡する、②P社がT社に代わりこれを弁済する（P社はT社に対して代位弁済に基づく求償債権を有することになる）、③P社がT社に対して新たな貸付けを行い、この貸付金でS社に対して返済を行わせる、といった方法が考えられ、必要な規定をクロージングに関する規定として定めることになる。

また、T社のトラックのリース契約におけるT社債務のS社による連帯保証については、リース会社との間でクロージングと同時に終了してもらうための交渉を行うことになる。この際、当然リース会社からは、S社に代わりP社が連帯保証するよう要請されることが予想されるので、まずP社としてはかかる手当てが可能かどうかを検討する

ことになろう（通常であれば、P社が代わりに連帯保証をせずに、S社の連帯保証を終了させるのは難しいと思われる）。株式譲渡契約上は、連帯保証人の切替えについてリース会社の承諾を得るようS社が努力を尽くす義務およびP社がこれに協力する義務をクロージング前の誓約事項として規定することになろう。クロージング後もS社の連帯保証が継続することは必ずしもP社にとって不利益とはいえないことから、P社としては、この連帯保証の切替えが終了することをクロージングの前提条件とするべきではないと考える。

事例1-5　前提条件の不充足（表明保証違反）

平成30年1月中旬にP社とS社との間の交渉が妥結し、T社の発行済株式全てを5億円で譲渡する旨の株式譲渡契約が締結された。この契約上、クロージングは平成30年3月1日に行われることを予定している。

しかしながら、平成30年2月中旬になって、T社において従業員Cによる横領が発覚した。平成26年1月頃から平成28年2月頃までの約2年間、実際は仕入れていないダンボールおよび梱包材を仕入れたこととし、その代金相当額を横領していたものであり、横領額は約1,000万円にのぼっている。Cが平成30年1月末頃に失踪したことを契機に発覚したものであり、T社もS社もデューディリジェンスの際にはこの事実を認識していなかった。なお、この横領発覚後平成28年3月期の計算書類と照らしてT社の財務状況を精査したが、Cに横領された約1,000万円相当の純資産額が減っていた以外に特段の齟齬はなかった。

株式譲渡契約上、S社は、契約締結時およびクロージング時に一定の事項について表明保証をしているが、この表明保証には「T

第1章　株式の譲渡

> 社の平成28年3月期の計算書類は、同期におけるT社の財政状態および経営成績を適正に示していること。T社は、上記計算書類に含まれる貸借対照表に反映しまたは引き当てられた債務を除き、債務及び負債を負っていないこと」が含まれている。また、「S社による表明保証の重大な違反」は、P社がクロージングを行う義務の前提条件となっている。P社としてはどのような対応が考えられるか。

■7　前提条件不充足への対応

　従業員Cによる横領は、T社の直近の計算書類の正確性に関するS社による上記の表明保証に違反しているのは明らかである。また、本事例の株式譲渡の買収価格が5億円であることを踏まえると、純資産額について約1,000万円の減額はS社による表明保証の「重大な」違反といえよう。したがって、まず、P社としては、クロージングを行わず、この株式譲渡取引を取りやめることを検討できる。

　他方、この表明保証違反の原因となったCの横領は従業員の一人が起こした不祥事にすぎず、必ずしもT社の事業の本質に関わる問題ではなく、またドライバーと作業員の確保というP社にとってのT社買収の目的に反するものともいえない。P社としては、この株式譲渡取引をまとめるためにこれまでに費やしてきた時間と費用に鑑みて、このような事態を理由にこの取引を取りやめることが合理的ではないという判断もありうる。S社としても新たな他の買主候補と最初からT社の売却取引の交渉を開始するよりは、当初の予定どおりにP社との間でT社の売却を実現させたい、という要請もある。したがって、このような場合、P社としては、本来であればクロージングの前提条件の不充足を理由にT社株式の買収を取りやめることができる

ところだが、この前提条件を放棄する代わりに買収価格を引き下げて欲しい、という交渉をすることも考えられよう。この交渉が成立した場合、P社は、S社との間で、①買収価格を修正し（引き下げ）、②Cの横領は表明保証違反を構成するものの、かかる違反を理由としてP社はS社に対して一切の請求をしない、という内容の株式譲渡契約の変更契約を締結し、T社の株式の買収を実行することになろう。

第 2 章

事業の譲渡

事例2-1　買収のスキーム

　P社は、東京を拠点とする年間売上高が約3,000億円の医療機器メーカーであり、東京証券取引所市場第一部上場の株式会社である。P社は、その高い技術力を背景にCTスキャンや、MRI、X線撮影機器等の検査機器の製造販売の分野でシェアを伸ばしており、更なる事業の拡大を画策していた。そうした折り、平成29年10月、取引先の製薬会社であるS社が造影剤（CTスキャンやMRI、X線等を用いた画像診断検査の際に用いられる薬剤）等の診断用医薬品事業の売却を検討しているという情報を入手した。S社はドイツに本社がある製薬会社（以下「S社ドイツ」という）の日本子会社で、大阪を拠点とし、年間売上高が約600億円の株式会社である。S社の診断用医薬品事業は日本国内でのみ展開しているが、特に造影剤はジェネリック医薬品の普及により売上が伸び悩んでおり、何らの施策も行わない場合には同社単独での将来の展望が描きづらい状況であった。

　P社は、社内での検討の上、検査機器と造影剤とのセット販売によるシナジーが見込めると判断し、S社の診断用医薬品事業を買収するべく動き出すこととした。平成29年11月、P社社長Xは、S社社長Yとの会談の席を設け、S社に話をもちかけたところ、Yからは、診断用医薬品事業はP社の元で運営される方がより発展できる見込みがあろうことから、S社ドイツの意向を確認する必要はあるものの、P社からの申出は前向きに検討するとの発言があり、数日後、P社はS社からS社の診断用医薬品事業の初期的情報を受領した。その情報によると、S社の診断用医薬品事業は、年間売上高約200億円、S社内の診断用医薬品事業部で行われており、仕入先約200社、販売先約350社、同事業部に

所属する従業員は約180名ということであった。なお、S社の診断用医薬品事業においては体外診断用医薬品は取り扱っていない。

P社は、上記の情報を踏まえてS社の診断用医薬品事業の買収に向けた本格的な検討を開始することとし、顧問弁護士にまずはストラクチャーについて相談をした。なお、P社の担当者は、P社の事業体制などから、特に差し支えがなければ、S社の診断医薬品事業をP社の子会社が譲り受けるのではなく、P社自身が譲り受けることを希望している。

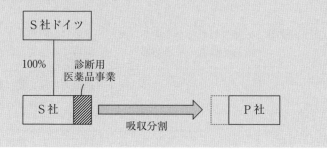

1　買収のスキーム

(1)　事業譲渡と会社分割

本件のように売主の事業の一部を買主が買収する場合、通常は、まず、会社分割と事業譲渡いずれの買収方法を用いるかを検討することになる。以下、両制度の概要を説明する。

事業譲渡と会社分割はいずれも会社が営んでいる事業の全部または一部を相手方に承継させる際に用いられる制度である。しかし、事業譲渡が承継対象の事業に含まれる権利義務を個別に移転・承継する取引（いわゆる特定承継）の集合体であるのに対して、会社分割は承継対

象事業に属する権利義務を包括的に承継させる取引(いわゆる一般承継・包括承継)であるという大きな相違点がある。このほか、両制度の間には、大きく図表2-1記載のような相違点がある。

[図表2-1:事業譲渡と吸収分割の相違点]

	事業譲渡	吸収分割[1]
権利義務の承継		
契約(雇用契約以外)の承継	・各契約の相手方からの個別の承諾必要	・原則として、契約の相手方からの個別の承諾不要
雇用契約の承継	・承継対象となる従業員からの個別の承諾必要	・承継対象事業に主として従事する従業員からの個別の承諾不要 ・法定の手続必要(事前の通知、労働組合との協議など)
債務の承継	・原則として、債権者からの個別の承諾必要	・原則として、債権者からの個別の承諾不要
会社法上の手続		
株主総会特別決議	買主:売主の全事業の譲受けの場合、原則として必要[2] 売主:原則として必要[2]	買主:原則として必要[2] 売主:原則として必要[2]
債権者異議手続	不要	原則として必要 ・債権者への通知・公告 ・1か月以上の異議申述期間
反対株主の株式買取請求権	原則としてあり[3]	原則としてあり[3]

1 買収のスキーム

法定書類の備置等	不要	法定の書類（事前開示書類および事後開示書類）の本店への備置が必要
適時開示の要否	必要（ただし、軽微基準あり）	必要（軽微基準なし）
取引のスケジュール		
手続に必要な期間	1か月半以内でも可能な場合もある（ただし、承継対象事業の内容次第ではより長い期間が必要な場合もある）	最低でも1か月半程度（株主総会（特に上場会社の場合）や債権者異議手続などのため、スケジュールの柔軟性は低い）

*1　会社分割には、承継対象事業を既存の会社が譲り受ける「吸収分割」以外に、承継対象事業を会社分割により新設される会社が譲り受ける「新設分割」があるが、事業譲渡との比較に際しては吸収分割を前提としている。
*2　いずれの場合も、当事会社の株主への影響が小さいと認められるとき（簡易分割・簡易事業譲渡）（ column 2-1 参照）や90％以上の議決権を有する株主との間の会社分割や事業譲渡のとき（略式分割・略式事業譲渡）には株主総会の決議は不要とされることがある。
*3　いずれの場合も、当事会社の株主への影響が小さいと認められるとき（簡易分割・簡易事業譲渡）（ column 2-1 参照）には反対株主に株式買取請求権が認められないことがある。

　本件では上記などを踏まえて、いずれの制度が適当かどうかを検討することになる。

> **column 2-1**　簡易分割と簡易の事業譲渡等
>
> 　上述のとおり、株主に対する影響が小さいといえる場合、会社分割および事業譲渡のいずれの手続についても、簡易分割または簡易事業譲渡として株主総会における承認を不要とすることが認められている。
> 　会社分割については以下の場合に簡易分割に該当する。

① 分割会社（売主）においては、承継させる資産の帳簿価額の合計額が分割会社（売主）の総資産額の5分の1を超えない会社分割である場合（会社法784条2項）
② 承継会社（買主）においては、吸収分割の対価等が、承継会社（買主）の純資産額として法務省令で定める方法により算定される額の5分の1を超えない場合（会社法796条2項）。ただし、承継会社については、分割差損が計上される場合、または、承継会社の発行する株式がすべて譲渡制限株式でこれを会社分割の対価として交付する場合には、承継会社における簡易分割の手続は認められない。

事業譲渡については以下の場合に簡易事業譲渡または簡易事業譲受に該当する。

① 譲渡会社（売主）においては、事業譲渡により承継させる資産の帳簿価額の合計額が譲渡会社の総資産額の5分の1を超えない場合（簡易事業譲渡）（会社法467条1項2号かっこ書）
② 譲受会社（買主）においては、支払われる対価が、譲受会社（買主）の純資産額の5分の1を超えない事業の全部の譲受の場合（簡易事業譲渡）（会社法468条2項）

なお、簡易分割や簡易事業譲渡等は、そもそも株主に対する影響が小さいことを理由として株主総会の承認を不要としていることから、これらが認められる会社の株主については同様の理由で反対株主による株式買取請求権も認められない。

(2) 本事例のスキーム検討

① 契約の承継

本件のように、承継対象事業に多数の仕入先や販売先が存在する場

合、相当数の契約の承継が必要になるため、会社分割が選択されることが多い。事業譲渡を採用した場合には、原則として、買主に対して承継する契約の相手方から個別に承諾を得る必要があり、そのために非常な手間・コストがかかる上に、承諾が得られないリスクがあるためである。契約の相手方から個別の承諾が得られなかった場合には当該契約は買主に移転されず、買主における承継対象事業の運営に支障が生じ、売主においては不要な契約を抱え続けることになる。また、契約の相手先から承諾が得られるとしても、承諾をする条件として一定額の金銭（いわゆるハンコ代）の支払いや従来の取引条件の変更を求められるリスクもある。

　会社分割の場合、承継対象とされる契約の承継については原則として契約の相手方からの個別の承諾は不要であるため、事業譲渡と比べてこのようなリスクが低く、一定の手間とコストを省くことができるとされる。ただし、会社分割の場合であっても、会社分割を解除事由とする定めなどがある契約については、会社分割による当該契約の承継について相手方から承諾が必要となるため留意が必要である（つまり会社分割は契約の承継に際して万能である、というわけではない）。しかしながら、本件では、デューディリジェンスの結果、このような契約が多数発見されない限り、契約の承継という観点からは、会社分割を採用するのが合理的であろう。

②　従業員の承継

　従業員の承継の観点からも、本件のように、承継対象事業に従事している従業員の数が約180名と相当程度存在する場合には、会社分割が選択されることが多い。上述のとおり、事業譲渡を採用した場合には、承継対象となる従業員から個別の承諾を得る必要があり、かかる承諾が得られなければ、従業員を承継することができないためである。

　一方、会社分割については、会社分割に伴う労働契約の承継等に関

する法律(以下「労働契約承継法」という)等、労働者との間の雇用契約の承継に関し適用される法令に定められた法定の手続(この手続については、本章■2(2)も参照されたい)をとれば、原則として、承継対象となっている従業員の個別の承諾を得ることなく売主との間の雇用契約を買主に承継することができる。しかしながら、労働契約承継法に基づく従業員の承継に際しては以下の2点について留意が必要である。

(i) 従業員の異議申述権

労働契約承継法に基づく従業員の承継に際しては従業員の個別の承諾は必要とされていない。しかしながら、一定の従業員については、売主と買主が合意した承継の範囲に異議を申し出ることにより、かかる合意内容にかかわらず、買主への承継対象に含まれること、または、買主への承継対象から除外されることが認められている。具体的には、図表2-2のとおりである。

[図表2-2:労働契約承継法における異議申述権]

X. 異議申述権が認められる従業員(労働者)	Y. 異議申出の効果
①承継対象事業に主として従事する者(以下「主従事労働者」という)であるが、売主と買主の間の合意により承継対象とされなかった者	承継対象に含まれることになる
②主従事労働者ではないが、売主と買主の間の合意により承継対象とされた者	承継対象から除外されることになる

したがって、会社分割を採用した場合であっても、一定の従業員については異議の申出により、当初想定していたとおりの承継が実現できなくなる可能性がある点に留意が必要である。

(ii) 雇用契約の包括承継

　また、労働契約承継法に基づき従業員を承継する場合、承継された従業員については、売主との間の雇用契約がそのまま包括的に買主に承継される（つまり、当該従業員については、売主の下で適用されていた人事制度が買主に承継されることになる）。したがって、本件のようにP社自身を買主とするケースで、労働契約承継法に定める手続により従業員を承継させた場合、効力発生日直後には、P社内にはP社の既存の人事制度とS社において承継対象従業員に適用されていた人事制度が併存することになる。そこで、P社としては、労働契約承継法に定める手続によって従業員を承継するか否かの判断にあたっては、そもそも異なる人事制度を併存させることが可能なのか、また、併存させる場合、効力発生日以降に異なる人事制度をどう取り扱っていくのかについて検討することも必要となる。なお、異なる人事制度の併存が困難な場合などの理由により労働契約承継法によらずに従業員を承継する場合は、承継対象従業員から①買主への転籍および②買主における雇用条件について個別に承諾を得ることになろう。

③　許認可の承継

　許認可についても、その承継の可否や手続について、事業譲渡の場合と会社分割の場合でその取扱いが異なることが少なくないため検討が必要となる。

　本件では、承継対象事業である診断用医薬品の製造および販売を行うためには以下の許認可が必要と考えられる。

ⓐ　医薬品の製造販売業許可（医薬品、医療機器等の品質、有効性及び安全性の確保等に関する法律（以下、「医薬品医療機器等法」という）12条）

ⓑ　医薬品の製造業の許可（同法13条）

ⓒ 製造販売している医薬品の品目ごとの製造販売の承認（同法14条）

上記のうち、医薬品の製造販売業許可（ⓐ）および医薬品の製造業の許可（ⓑ）については、医薬品医療機器等法上承継の手続が定められておらず、会社分割の場合も事業譲渡の場合も、いずれもＰ社において新たに取得する必要がある。

他方、医薬品の品目ごとの製造販売の承認（ⓒ）については、会社分割、事業譲渡のいずれの場合においても、Ｐ社がＳ社から当該品目に係る資料等を承継したときには、Ｐ社は当該品目に関する上記承認を承継し、その旨を厚生労働大臣に会社分割または事業譲渡の前に届け出れば足りるとされている（医薬品医療機器等法14条の8）。

上記のとおり、本件では、会社分割と事業譲渡では許認可の取扱いについて差異はない。

事例 2-2 吸収分割のスケジュール

Ｐ社とＳ社との間でその後引き続き協議が行われ、両者間にて以下が確認された。

① 両社の人事担当者による検討の結果、Ｐ社とＳ社の人事制度の差異は大きなものではなく、本件取引の実行後、Ｐ社としてしばらくの間は、承継されるＳ社の従業員に関してＰ社内でＳ社の人事制度を維持すること、また、合理的期間内にこの制度を従前からのＰ社の制度に統合していくことのいずれも可能であることが確認された。
② Ｓ社からＰ社に対して承継される資産はＳ社の総資産額

の5分の1を超える見込みである。
③ 他方、P社がS社に対して支払うこととなる対価については今後さらなる検討・交渉が必要であるものの、少なくともP社の純資産額の5分の1を超えない可能性が高い。
④ 承継対象事業のためにS社が取得している許認可として重要なものは、医薬品医療機器等法上の医薬品の製造販売業許可、医薬品の製造業の許可および製造販売している医薬品の品目ごとの製造販売の承認である。

以上に加え、承継対象となる契約や従業員が相当数にのぼることから、P社およびS社を当事者とし、対価を現金とする吸収分割の方法を前提として、さらなる検討を進めることになった。P社はまず吸収分割手続を中心としたスケジュールを法律事務所に確認することにした。

2 吸収分割のスケジュール

本件のスケジュールについては、最終契約締結後の、①会社法上の手続、②労働契約承継法上の手続、③独占禁止法上の手続、④許認可取得の手続を考慮する必要がある。なお、最終契約締結に至るまでの手続は基本的に株式譲渡の場合と同様であるので、詳しくは第1章 1を参照されたい。

(1) 会社法上の手続

吸収分割では、会社法上、以下のステップが必要になる。

第 2 章　事業の譲渡

① 吸収分割契約締結
② 事前開示書類の備置
③ 債権者異議手続
④ 株式買取請求に関する手続（株主への通知）
⑤ 株主総会の承認決議
⑥ 事後開示書類の備置
⑦ 会社分割の登記

　上記のうち、特に期間を要するのが債権者異議手続であり、債権者の異議申述期間として最低1か月を要する。
　なお、本件取引では、P社が支払う対価が同社の純資産額の5分の1を超えない限り、P社は簡易分割の手続によることとなる。その場合、P社については、株主総会による承認決議（上記⑤）が不要となる。また、簡易分割による場合、P社の株主には反対株主による株式買取請求権が原則として認められない（ column 2-1 参照）が、その株主に対しても通知（上記④）を送付する必要がある点には留意が必要である（会社法797条3項）。

(2)　労働契約承継法上の手続

　労働契約承継法（関連する附則・指針[1]を含む）上、売主（分割会社）の労働者に対する手続等が定められている。本件に関連する手続の概要は図表2-3のとおりである。

---

1)　商法等の一部を改正する法律（平成12年法律第90号）附則5条1項および「分割会社及び承継会社等が講ずべき当該分割会社が締結している労働契約及び労働協約の承継に関する措置の適切な実施を図るための指針」（以下「労働契約承継指針」という）。

[図表2-3：労働契約承継法に基づく手続の概要]

手続	スケジュール
①労働者の理解と協力を得るよう努める措置	②の個別協議の開始までに開始。以後も必要に応じて適宜実施する
②承継対象事業に従事する労働者との個別協議	③の通知期限日までに十分な協議ができるよう時間的余裕をみて協議を開始する
③-1 主従事労働者および承継対象労働者に対する通知 ③-2 労働組合に対する通知	以下に記載する通知期限日までに行う a．吸収分割承認のための株主総会（必要な場合）の2週間前の日の前日まで*1 b．a．以外の場合（吸収分割に株主総会決議が不要な場合）、吸収分割契約締結日から起算して、2週間を経過する日まで
④通知を受けた労働者からの異議申出	③-1の通知記載の異議申出期限日*2（③-1の通知から13日間以上必要）までに行う

*1　なお、労働契約承継指針第2の1(1)では、事前備置書類の備置開始日または吸収分割に係る株主総会招集通知の発送日のいずれか早い日までに行うことが望ましいとされている。

*2　吸収分割に株主総会決議が必要な場合には、通知の翌日から株主総会の日の前日までの期間の範囲内で分割会社が定める日、不要な場合には吸収分割契約の効力が生ずる日の前日までの日で分割会社が定める日。

(3) 独占禁止法上の手続

売主（分割会社）の事業の一部を承継対象とする吸収分割の場合、①承継対象事業が売主の重要部分であり、②承継対象事業の国内売上高が100億円を超え、③買主（承継会社）の国内売上高が50億円を超えている場合、独占禁止法に基づき吸収分割に先立ち、公正取引員会に吸収分割計画届出書を提出する必要がある。本件では、吸収分割の対

象事業であるS社の診断用医薬品事業の国内売上高が200億円であることから、S社全体の売上高（約600億円）に鑑みるとその事業の重要部分に該当するものといえ（上記①）、100億円を超えている（上記②）。また、P社の国内売上高は50億円を超えている（上記③）。したがって、公正取引委員会に対して事前に届出を行う必要があると思われる。

独占禁止法上吸収分割の届出がなされた場合は、株式譲渡における場合と同様、公正取引委員会から追加の情報提供を要請する報告等要請がなされなければ、届出受理の日から30日を経過するまでは、吸収分割の実行が禁止される。

(4) 許認可取得にかかる手続

上記の各手続に加えて、本件では、許認可の承継に関する手続を考慮する必要がある。本章■1⑵③のとおり、医薬品医療機器等法上、医薬品の製造販売業許可および医薬品の製造業許可については、承継対象事業を営むためにP社で新たに取得することが必要となるため、当該許可の取得に係る期間等を事前に所管官庁に問い合わせて確認しておく必要がある。医薬品の製造販売業許可についてはP社の主たる事務所の所在地の都道府県知事（医薬品医療機器等法21条1項）、医薬品の製造業の許可については製造所の所在地の都道府県知事を経由して行われる（同条2項）こととされていることから、いずれも関連する都道府県庁に問い合わせることになろう。

(5) 本事例におけるスケジュール

以上の諸手続を踏まえ、本件で想定されるスケジュールの一例を以下に挙げる。

2 吸収分割のスケジュール

[図表2-4:想定スケジュール（吸収分割）]

日程	予定事項
平成29年11月14日	守秘義務契約の締結
11月15日～12月22日	デューディリジェンスの実施
平成30年1月30日	最終契約（法定外契約）締結の承認に関する取締役会決議
	最終契約（法定外契約）の締結
	東証適時開示・臨時報告書提出（P社）
1月31日	公正取引委員会への届出前相談の開始
	許認可の承継に係る住所地の都道府県への相談開始
	労働者の理解と協力を得るよう努める措置の開始
2月6日	労働契約承継法上の個別協議開始（S社）
2月13日	労働契約承継法上の通知（S社）
2月27日	吸収分割契約（法定契約）の締結
	事前開示書類の備置
	債権者異議手続（通知・公告）の実施
	労働契約承継法上の異議申出期限日（S社）
2月28日	独占禁止法届出
	吸収分割契約承認株主総会（S社）
3月9日	株主への通知
3月27日	債権者異議申述期間の満了
3月30日	吸収分割の効力発生日
	事後開示書類の備置開始
4月2日	吸収分割に係る登記の申請

第2章 事業の譲渡

> **事例 2-3** デューディリジェンス
>
> 　P社とS社との間で守秘義務契約の締結が完了し、取引スケジュールおよびストラクチャーも確定したことから、P社はS社へのデューディリジェンスを開始することとした。P社は、法律事務所に対し、診断用医薬品事業の運営にあたっては、医薬品医療機器等法上の許認可のほか、S社が保有する医薬品の製造方法に関する特許が重要であることなどを説明した上で、S社の法務デューディリジェンスを行うよう依頼した。

■3　デューディリジェンス

　法務の観点からのデューディリジェンスの目的は第1章■3で述べたとおりである。しかし、会社分割や事業譲渡による事業の一部買収は、買収対象の法人すべての買収となる株式の取得とは性質を異にする取引であることから、デューディリジェンスにおいてポイントとなる点もやや異なる。株式の取得におけるデューディリジェンスとの相違点を中心に以下本件におけるデューディリジェンスの留意点を述べる。

(1)　会社組織・株式

　事業買収の場合、買主は法人全体を買収するのではなく、売主が営んでいる事業の一部に関連する権利義務のみを買収することとなる。したがって、売主の機関設計や役員に関する事項は調査の対象外となる。

　また、株式自体は取引の目的物ではないことから、株主構成や、株

主の変遷、過去の株式譲渡手続の有効性等についても詳細な調査は必要ない。

株主総会や取締役会等の会議体の議事録や社内規則については、すべてを確認する必要はなく、承継対象事業に関連する点を重点的に確認し、問題点の発見の端緒とすることが一般的である。ただし、定款については少なくとも会社分割を含む本件取引のために売主において必要な手続を確認する観点からの確認は必要であろう。

(2) スタンドアローンイシュー（Stand-Alone Issue）

事業買収において特に慎重な検討を要するのが、承継対象事業が売主およびそのグループから離脱することで提供を受けられなくなるサービスや取引条件が変更されるサービスがないかという、いわゆるスタンドアローンイシューである。

承継対象事業が売主のグループから離脱することに関するスタンドアローンイシューについては、株式譲渡（第1章）の場合においても検討の対象となる。しかしながら、株式譲渡の場合の買収対象である対象会社は、独立した法人として事業を運営するために必要な機能を備えているのが原則であるのに対して、会社分割などの事業買収の場合には、承継対象事業が売主という法人そのものから切り離されることから、そもそも単独で事業を運営することが困難になることが少なくない。そこで、会社分割などの事業買収の場合には、例えば、承継対象事業の運営に必要な機能や資産だが、会社分割によって買主（承継会社）に承継されない機能や資産の有無および内容を確認する必要がある。なお、本件の場合、P社自身が会社分割の受け皿（承継会社）となるため、P社において手当てすることが可能な機能や資産の有無もあわせて確認の必要がある。これらの事項（特に、システム、人事、資産に関する事項など）の確認は、ビジネスデューディリジェンスと連携

して行われることが多い。

スタンドアローンイシューに関して留意すべき事項の例は、以下のとおりである。

① バックオフィス機能

一般的に、事業買収の場合には、特定の事業のみが承継され、バックオフィス機能（経理、人事、法務、総務など）までもが承継対象事業に含まれることは少ない。そのため、承継対象事業がどのような売主のバックオフィス機能に依存しているのかについて、確認することになる。ただし、本件のように承継対象事業の受け皿となるＰ社が既に事業を運営しており、相応のバックオフィス機能を有していると考えられる場合、本項目の重要度は必ずしも高くない。

② 資　産

売主が承継対象事業で使用している不動産、動産およびITシステム等の資産に関しては、事業買収に際する検討の視点としては、承継予定のもののみならず、売主の他の事業部門と共用しているなどという理由で承継対象からは除かれているものの、承継対象事業にとっては必要な資産についての詳細の確認も必要になる。

上記の共用資産に不動産が含まれる場合、買主としては、事業買収後も買主が当該不動産を売主から賃借もしくは転借するまたは貸主から賃借することなどを検討し、最終契約の交渉に際して必要に応じて売主と交渉することになる。動産やITシステムについても、買主における代替品の入手の可否や、代替品を入手できない場合に売主にこれらの動産やITシステムを継続して使用させてもらえるか否かを検討し、同様に売主との間で交渉することになる。

また、承継対象事業に必要な知的財産権についても、承継対象事業で利用している知的財産権などについて承継対象に含めないことと

なった場合には、取引実行後に売主から当該知的財産権の利用許諾を受ける等の措置をとることになる。

③ 事業関連契約等

承継対象事業における契約に関しては、資産と同様、承継対象になっている契約の内容の確認に加えて、承継対象になっていないものの、承継対象事業にとって必要な契約の有無および内容についても確認が必要である。例えば、承継対象事業を含む複数の事業部門で利用する資材の継続的な購買契約、知的財産権の使用許諾を受けるライセンス契約等を締結している場合には注意が必要である。このような契約が存在する場合には、売主および当該契約の相手方と協議の上、相手方と改めて契約を締結し直すことなどを検討することになる。

④ 人　事

人事に関しては、スタンドアローンイシューとしては、承継対象となる従業員のみで承継対象事業を十分に運営することが可能かどうかを確認することになろう。

さらに、承継対象従業員が加入している退職金制度や年金・保険等の社会保険制度について、事業買収に際して買主の制度との統合や買主の制度への移行が可能か、かかる統合または移行のために取引の実行日後も一定期間、売主の制度への継続加入が可能かどうかを、手続を含めて確認する必要がある。

(3) 事業関連契約

前述したとおり、吸収分割の効力は一般承継であると考えられており、承継対象とされた契約は相手方の同意がなくとも取引の実行に伴って売主から買主に承継される。しかし、相手方の承諾を得ずに吸

収分割を行った場合に、これが契約の解除事由となる条項や、相手方に損害賠償請求権を発生させる条項、金銭消費貸借の期限の利益を喪失させる条項などは有効であると考えられているため、このような条項の有無を確認することとなる[2]。

また、承継対象契約に外国法準拠の契約が含まれる場合、当該準拠法に日本法上の会社分割に相当する制度が存在しないときには、当該契約について会社分割に基づく一般承継の効果が生じない可能性がある点に留意する必要がある。このような契約が発見されたときには、当該契約の相手方から会社分割に伴う承継について承諾を取得することが望ましい。

(4) 許認可

許認可に関しては、承継対象事業の運営に必要な許認可とその取得状況を確認するだけではなく、事業買収に伴って買主が当該許認可を承継可能か、それとも買主において許認可を取得し直す必要があるのかを確認し、承継や再取得に必要な手続を確認する必要がある。

本件で問題となる医薬品医療機器等法上の許認可については、本章■1(2)③および■2(4)参照。

> **事例 2-4** 吸収分割に関する契約
>
> P社がS社に対して行ったデューディリジェンスの結果、以下の問題点が発見された。

---

[2] なお、承継対象となる契約において、当該契約上の地位は相手方の同意を得なければ会社分割によっても移転しないとの条項が定められていたとしても、当該条項は無効であるとされている。

① S社におけるバックオフィス機能は、経理部、人事部、総務部等に集約されており、承継対象事業の事業部門には存在していない。なお、P社によれば、一般的なバックオフィス機能については、P社でカバーできると思われるものの、引継ぎのために、一定期間はバックオフィス機能のうち特に人事機能のサポートが必要と思われるとのことであった。
② S社が診断用医薬品を製造しているS社所有の工場でS社は診断用医薬品以外の医薬品の製造も行っている。同工場の所有権については、S社としてはP社に対する譲渡対象に含める意向はない。P社によれば、会社分割の効力発生日までに、診断用医薬品の製造設備を移して他の工場を立ち上げることは不可能であるとのことであった。
③ S社は、承継対象事業において使用している医薬品の製造方法についてS社ドイツからその特許のライセンスを受けており、この特許は会社分割の後も診断用医薬品事業において継続して使用する必要がある。このライセンスに関する契約は、親子会社間の簡素なものであり、契約期間は3年間で契約期間満了3か月前までにいずれかの当事者から通知がない限り3年間自動で更新される旨規定されている。P社としては、当該契約は今後第三者となるS社ドイツとの間で締結するライセンス契約としては簡素すぎると考えている。
④ S社の診断用医薬品事業部に所属し、診断用医薬品事業に主として従事している従業員180名の多くは営業担当者であるが、P社においても現在営業担当者に人員の余剰があるという状況であった。この点を踏まえて、デューディリジェンスと並行して別途行われていた人事担当者間の協議

においてはこの180名のうち、特定の20名を承継対象から除くことをP社がS社に求めた。S社からは、この20名はS社内の他の事業部門での業務に対応可能な能力を有しており、本件取引後にS社に残ったとしても活躍の場があることから、承継されないとしてもまず異議が出ることはないとの回答があり、両社協議の上、当該20名は承継対象から除外することとした。

⑤ 承継対象とする予定の契約のうち、複数の契約にS社が相手方の承諾を得ずに会社分割を行った場合、相手方がこれらの契約を無催告解除できるという条項が定められていた。これらの契約には、S社の診断用医薬品事業における①仕入先上位10社のうち3社（A社、B社とC社）との間の仕入契約および②販売先上位10社のうち2社（α社とβ社）との間の販売契約が含まれていた。なお、S社によれば、いずれの契約の相手方からも容易に会社分割に関する承諾を取得することができるだろうとのことであった。

上記の問題点を踏まえて、P社はS社との間で吸収分割契約の締結に向けた交渉を行い、契約の内容を確定していくこととなった。なお、P社は契約締結が予定されている日から、クロージングまでの間に一定の期間があることから、この期間内の売掛債権および買掛債務の変動を価格に反映させるよう価格調整を行うことを希望している。

4　吸収分割に際して締結される契約

(1)　法定契約と法定外契約

　吸収分割においては、会社法上、売主（分割会社）と買主（承継会社）との間で、吸収分割契約を締結しなければならない旨規定されている（会社法757条後段）。この契約は、実務上「法定契約」などと呼ばれることがある。法定契約（吸収分割契約）については、株主または債権者が閲覧することのできる会社法上の事前開示書類においてその内容が記載され（会社法782条、794条）、簡易分割または略式分割に該当しない限り、株主総会における承認が必要とされている（会社法783条1項、795条1項）。また、法定契約（吸収分割契約）については、規定しなければならない必要的記載事項が以下のとおり定められている（株式会社が承継会社になる場合について、会社法758条各号）。

① 　分割会社および承継会社の商号および住所（同条1号）
② 　承継対象となる資産、債務、雇用契約その他の権利義務（同条2号）
③ 　吸収分割により分割会社または承継会社の株式を承継会社に承継させるときは、当該株式に関する事項（同条3号）
④ 　（承継会社が吸収分割に際して分割会社に対してその事業に関する権利義務に代わる対価を交付するときは、）当該対価の内容等に関する事項（同条4号）
⑤ 　（承継会社が吸収分割に際して分割会社の新株予約権者に対して当該新株予約権に代わる承継会社の新株予約権を交付するときは、）当該新株予約権の内容等および割当てについての事項（同条5号6号）

⑥　効力発生日（同条 7 号）
⑦　承継会社株式を対価とし、これを分割会社の株主に配当として割り当てる場合（いわゆる人的分割）には、その旨（同条 8 号）

　実務上は、法定契約に加えて、いわゆる「法定外契約」が締結されることがある（本章■2 および■3 において「最終契約」と記載している契約を指す）。法定外契約は、会社法では必要とされていないものの、吸収分割の取引のより詳細な内容を定めるものである。法定外契約が締結される理由は取引により様々と思われるが、一般的には、株主等に開示するには適切ではない、吸収分割に関する詳細な事項や事業上の機密事項、個人情報等に関する事項を規定するために用いられるようである。法定外契約は、上記の法定契約とは異なり、規定すべき内容は法令上定められていないし、その内容を開示することは日本の法令上は義務付けられておらず、株主総会の承認も不要とされている。このように会社法上の開示や株主総会の承認がされない法定外契約に基づいて実施される吸収分割の手続の適法性については、理論上問題があり得るとの指摘もあるが[3]、規模の大きな吸収分割においては、法定外契約を締結することが一般的となっている。

(2)　主要な記載事項

　会社分割における法定外契約の大枠は株式譲渡契約（第 1 章■5 参照）と大きく異なるものではない。以下、株式譲渡契約と異なる点を概観する。

---

3)　小舘浩樹＝田中勇気「組織再編に係る法定外契約(上)」商事法務 1906 号（2010 年）123 頁。

① 吸収分割における承継対象

株式譲渡契約においては譲渡対象は対象会社の株式であり、その内容が問題になることはほとんどない。他方、吸収分割に関する契約においては、特定の「事業」を譲渡（承継）対象とすることのみではなく、譲渡対象となる「事業」に属する権利義務を特定する必要がある。吸収分割の承継対象となる「事業」に属する権利義務は種々雑多で、その数が膨大になることもある。また、「事業」の活動の結果に応じて日々その具体的な内容は変動するものである。そのため、承継対象となる権利義務を正確に特定することは必ずしも容易ではない。また、承継対象となる権利義務の範囲、特に債務の範囲を巡って買主と売主の間で厳しい交渉が行われることも少なくない。

これらの承継対象となる権利義務の契約への具体的な規定としては、法定契約には、まず、特定の権利義務が分割後いずれの会社に帰属するのかが明らかになる程度の記載（例えば、貸借対照表上の勘定科目に基づく記載など）をした[4]上で、必要に応じて法定外契約により詳細にわたる権利義務の明細（これらの明細には機密情報や個人情報などを含むこともある）を列挙することもある。

② 吸収分割の対価

会社法上、吸収分割における対価に関しては、法定契約においてその種類および数もしくは額またはこれらの算定方法を定めなければならないとされている。なお、吸収分割の対価の種類については、会社法上、金銭、承継会社（買主）の株式、その他の資産等自由に設定することができる。

もっとも、上記のとおり、一般的に、承継対象の権利義務は、承継対象事業の活動の結果に応じて日々その具体的な内容が変動するもの

---

[4] 江頭憲治郎『株式会社法〔第6版〕』（有斐閣、2015年）897頁。

であり、契約締結日と吸収分割の効力発生日で、承継対象事業の価値が変動することがある。これに備え、吸収分割の対価についても調整する旨定めることも少なくない（いわゆる価格調整条項）。価格調整の方法は、承継対象事業の価値の算定の方法や承継対象となる権利義務の内容などに応じ様々であるが、金銭が対価である場合には、吸収分割の効力発生日時点での有利子負債残高の額、運転資本額等を確定させた上で、承継対象事業の価値算定の際に参照した直近の当該事業に係るそれらの額との差額を調整する方法などがある。

　このように対価の調整をする場合には、法定契約においては概要を定める規定を置くことにとどまり、その詳細については、法定外契約において定められることが多い。価値算定の際に参照した金額をはじめとして対価の調整の詳細については法定契約に記載することが適当ではない、と当事者が考える場合が多いためであろう。ただし、会社法上、法定契約には吸収分割における対価を定めなければならないとされていることから、対価の調整の概要を定める規定を置くにとどめる場合であっても、対価が一義的に明らかな程度の規定とすることが望ましいだろう。

③　前提条件

　吸収分割においても、株式譲渡における前提条件（第1章■5(2)参照）と同趣旨の規定を契約書に設けることが合意されることがある。かかる「前提条件」は、法定契約における必要的記載事項ではないことから、法定外契約において規定されることが一般的である。

　吸収分割における「前提条件」の具体的内容は、株式譲渡における場合と共通する場合が多い。しかしながら、吸収分割においては、法定外契約に定めた「前提条件」が充足されたか否かにかかわらず、法定契約に定める効力発生日に会社法に基づき自動的に吸収分割の効力が発生してしまうことに留意が必要である。したがって、法定外契約

において、①自己のクロージング実行の義務の「前提条件」が充足されなかった場合には、相手方に対して吸収分割の効力発生日を延期する（会社法790条）旨要求できる旨の規定や、②自己のクロージング実行の義務の「前提条件」が充足されなかった場合には、解除権を行使できる規定をおく方法などが考えられる（ただし、①について、効力発生日の延期のためにはその旨効力発生日前に公告することが必要だが、実際に公告を行う場合はその準備に一定期間が必要であるため、実務上、効力発生日の直前には吸収分割を延期することができないことに注意が必要である）。

④　表明保証

吸収分割においても、株式譲渡と同様（第1章■5(4)参照）、契約書に表明保証を定めることが合意されることがあるが、これも法定契約における必要的記載事項ではないことから、法定外契約において規定されることが一般的である。

吸収分割は、上述のとおり、法人全体ではなく、事業の一部を承継対象とするものであるから、表明保証の範囲は、その承継対象事業や承継対象となる権利義務に限定されることが多く、また、株式に関する表明保証は行われない。

また、承継対象事業が、会社分割後、法定契約および法定外契約に基づき承継される権利義務および新たに締結される契約（下記の付随契約を含む）などのみで、従前どおり運営できる旨の表明保証が定められる場合も多い。なお、さらに進んで、かかる表明保証のみならず、会社分割後、承継対象事業が従前どおりの運営ができないことが判明した場合には、従前どおり運営するために必要な権利義務を新たに譲渡するよう買主が売主に対し請求できるという権利を定めることも検討される場合がある。

その他は、表明保証に関しては、基本的には株式譲渡における場合

第2章　事業の譲渡

と共通するので、第1章■5⑷を参照されたい。

⑤　スタンドアローンイシューへの対応

スタンドアローンイシューへの対応については、問題となる事項の具体的内容により異なるが、対応するタイミングによって以下のように整理できる。

まず、クロージング前に対応を求める事項については、クロージング前の売主の誓約事項として定め、重要度によっては前提条件とする、といったことが考えられる。例えば、本件のように、売主が現在使用している不動産について、効力発生日後、承継対象事業で使用している部分を買主が売主から賃借して継続して使用する場合、情報漏洩を防止する観点から、当該部分と承継対象ではない事業で使用している部分を分けるため壁などを設置する必要があることがある。この場合、法定外契約において、クロージング前の売主の義務としてかかる壁の設置を完了させることなどを規定することがある。

また、クロージング後に対応を求める事項については、例えば売主との間で別途契約を締結して売主に対応を約束させることがある。吸収分割そのものに関する条件を定める法定契約や法定外契約以外に、吸収分割の取引に付随する取引に関する事項を定める、いわゆる付随契約と呼ばれるものである。付随契約は、株式譲渡に際して締結されることも少なくないが、吸収分割のような事業買収の場合は、会社分割前は承継対象事業が売主（分割会社）の一部として運営されてきているため、その必要性が高い。付随契約としては以下のような契約が典型的である。

ⓐ　売主（分割会社）のバックオフィス機能その他の事業部門等から受けてきた一定のサービス等を一時的に買主（承継会社）に提供する旨の契約：承継対象事業は、最終的には売主（分割会

社）から独立して運営できることが期待されるため、このサービス等の提供は通常短期間である。TSA（Transitional Services Agreement（移行サービスの提供に関する契約）の略である）と呼ばれることが多い。
ⓑ 売主（分割会社）が継続して使用する不動産の賃借または転借に関する契約
ⓒ 売主（分割会社）が継続して保有する知的財産権に関するライセンス契約

付随契約に関する合意についても、法定外契約において規定されることが一般的である。法定外契約締結のタイミングでは、付随契約の個別の規定まで合意することができない場合には、法定外契約においては、付随契約の主要条件のみを合意し、かかる内容の付随契約をクロージングまでに締結する旨の努力義務等を定めることも多い。

⑥ 競業避止義務

会社法上、事業譲渡に関して、当事者間で別の合意をしない限り、事業譲渡を行った会社は、同一の市町村の区域内およびこれに隣接する市町村の区域内においては、事業譲渡を行った日から 20 年間は、同一の事業について競業避止義務を負う旨規定されている（会社法 21 条 1 項）。会社分割にはこのような条文は存在しないが、事業譲渡と会社分割の機能の類似性に着目して同項が類推適用されるという見解が有力である[5]。

多くの場合、上記の会社法上の競業避止義務は、期間が長すぎることや地理的範囲が狭すぎることなどから、その適用を排除した上で、異なる競業避止義務について合意することが多い。この場合、会社法

---

5) 江頭・前掲注 4) 897 頁。江頭憲治郎編『会社法コンメンタール (1)』（商事法務、2008 年）207 頁〔北村雅史〕。

上の競業避止義務の適用または類推適用を排除する旨の規定を法定契約に定めた上で、異なる競業避止義務について法定外契約で定めることになる。

(3) 本事例における契約上の手当て

本件のデューディリジェンスで発見された事項やＰ社の要望等は、吸収分割に関する契約において以下のように手当てされることとなろう。

① 吸収分割対価については、法定契約において、○○億円から対価調整を行った額とし、対価調整としては、平成28年9月末日時点の以下のⓐの金額とⓑの金額の差額と規定する。
   ⓐ 承継対象となる売掛債権と買掛債務の差額
   ⓑ 効力発生日におけるかかる売掛債権と買掛債務の差額
   さらに、法定外契約において、効力発生日における承継対象となる売掛債権と買掛債務の差額の確定方法について、具体的に規定する。
② 法定外契約において、労働契約承継法に基づく従業員からの異議が出ないよう売主にて合理的な努力を尽くす義務をクロージング前の誓約事項とすることに加え、Ｐ社としては、かかる異議が出ないこと（またはかかる異議が一定数以上出ないこと）を買主のクロージング実行の義務の前提条件とすることを要求することも考えられる。
③ 以下の④から⑥の契約については、いわゆる付随契約として、法定外契約において、それぞれの主要条件を定め、また、その詳細について合意できるよう合理的な努力を尽くす旨の規定をおくことになろう。また、特にＰ社としては、これらの付随契

約（または少なくとも⑥の契約など特に重要なもの）の締結を買主のクロージング実行の義務の前提条件とすることも考えられる。

④ バックオフィス機能のうち人事に関するサービスの提供については、引継ぎのためのものにすぎないため、例えば、6か月間、と限定的な期間のみ、また、実費のみで提供を受けることとして、TSAに定めることにする。

⑤ 承継対象事業のP社への承継後の工場の使用については、S社とP社の間で工場賃貸借契約を締結することになろう。なお、機密保持などの観点から、承継対象事業の従業員（つまりP社の従業員）により利用されるエリアをその他S社の従業員が利用するエリアと区分する必要が生じることがある。このような区分にかかる費用（必要に応じてそれなりの規模のリフォームや引越しを伴う可能性もある）の負担などについて法定外契約において定めることもある。

⑥ S社が現在S社ドイツと締結しているライセンス契約に基づいて承継対象事業において利用している特許権については、S社ドイツとP社の間で新たなライセンス契約を締結することが必要となろう。既存のライセンス契約は第三者間の契約としては不適当であり、会社分割によって承継対象とすべきではないからである。この新契約については、期間を半永久的にするほか、独立当事者間の特許権ライセンス契約と同程度の内容のものとなるよう交渉することになる。

⑦ 契約の承継に際して、本件取引の効力発生日よりも前に相手方からの承諾取得が必要となる契約については、当該承諾の取得に向けて、売主にて合理的な努力を尽くす義務をクロージング前の誓約事項とすることが考えられる。さらに、P社としては、特に重要な契約、つまり主要販売先であるα社およびβ社との販売契約に加えて、必要であれば主要仕入先であるA社、B社

およびC社3社との仕入契約については、かかる承諾の取得を買主のクロージング実行の義務の前提条件とすることを要求することも考えられる。なお、特に仕入先については、代替性があるのであれば、必ずしも仕入高が高いことのみを理由にすべての仕入契約に関して相手方からの承諾取得を前提条件とする必要はないこともあろう。

事例2-5 前提条件の不充足（充足の遅延）

　S社とP社は法定外契約および法定契約を締結し、クロージング日である吸収分割の効力発生日を平成30年3月30日とした。また、法定外契約においては、承継対象とされた契約のうち、特に販売高が大きい販売先であるα社およびβ社ならびに仕入契約のうち診断用医薬品事業における主力製品の原料仕入先として重要なC社からの会社分割に対する書面による承諾取得をP社のクロージング実行の前提条件として定めた。

　S社は、吸収分割に関する適時開示の後、α社、β社およびC社をはじめとする契約の相手先から、必要な承諾を取得するために、速やかにこれらの契約相手先への説明を行うことが重要と考え、各相手先に対して本件取引の概要説明および本件取引実行に際しての承諾の依頼等を行った。しかし、S社の従前の予想に反して、C社から、本件取引の実行に際して契約条件の見直しを行いたいとの申し出があった。C社としては、長い間S社ドイツとの間で取引関係があり、これまでのS社との契約条件は、かかるS社ドイツとの関係を前提としたものであった、ということである。そこで、S社とC社との間で契約条件の交渉が行われることとなった。約1か月にわたる交渉の結果、平成30年3月上旬には

> 一部の契約条件を変更した上で、C社から承諾を取得できる見込みがたったものの、詳細な条件について合意し、C社内の社内手続を完了した上で、正式な承諾を取得できるのは、4月4日以降となる可能性が濃厚となった。P社としては、S社の診断用医薬品事業におけるC社の重要性に鑑みて、C社からの承諾取得という前提条件を放棄することは受け入れられないと判断した。

■5 前提条件の不充足への対応

　本件取引の法定外契約においては、C社を含む3社からの承諾取得が前提条件とされていたため、効力発生日である平成30年3月30日までにC社の承諾が取得できない場合には、前提条件の不充足に該当する。したがって、そのままでは、法定外契約に従って、P社は、S社に対して契約の解除などを要求することができることになる。

　本件の場合には、P社は、C社からの承諾取得のための契約条件の交渉は事実上妥結しており、C社からの承諾が得られる見込みがあることからC社からの承諾取得という前提条件を放棄することも選択肢としては考えられるところではある。しかしながら、P社としては、承継対象事業におけるC社の重要性に鑑みて、前提条件の不充足（C社からの承諾の未取得）について、当該前提条件を放棄してクロージングを行うことはできないという判断をしているということである。他方、多少時間はかかるものの、C社からの承諾を取得できる見込みはたっている状況において、クロージング日までにC社からの承諾が得られないことを理由に本件取引を取りやめることは必ずしも合理的とはいえない。そこで、クロージング日を延期し、C社からの書面による承諾取得を待って、クロージングを行うことが考えられる。

　この場合、本件は会社分割の取引であるから、クロージング日（効

力発生日）の延期のためには、当事者間での効力発生日の変更についての合意（会社法790条1項）、およびS社において当初の効力発生日の前日（本件では平成30年3月29日）までにこれを公告（同条2項）することが必要になる。公告を申し込んでから実際にこれが掲載されるまでには、少なくとも5営業日程度必要となるため（本章■4(2)③参照）、余裕をもって申込みを行う必要がある点には留意が必要である。

第3章

海外事業を含む子会社の譲渡

第3章　海外事業を含む子会社の譲渡

事例3-1　買収取引の開示

　パソコン製造販売会社であるP社は、東京証券取引所市場第一部上場企業であり、その直近の年間の連結売上高は約910億円、単体売上高は約900億円である。P社は、パソコン製造販売会社としては後発組であったものの、新進気鋭の社長Aが率いるマーケティングチームによるマーケティングが功を奏し、日本国内において順調に売上を伸ばしてきている。しかしながら最近はパソコン市場自体がタブレットやスマートフォンに押されて伸び悩んでおり、Aは、今後の継続的な成長のためには規模の拡大が必要であると考えていた。そのような折、P社は、S社のファイナンシャル・アドバイザーから、S社のパソコン事業の買収に興味がないかどうかの打診を受けた。

　S社は、東京証券取引所市場第一部に上場している総合電機メーカーであり、早くからパソコン事業に参入し、海外展開も積極的に行っていたものの、近時は安価な海外メーカー製のパソコンに押されており、赤字が続いていた。世間でも、S社はパソコン事業から撤退するのではないかというのがもっぱらの噂であった。

　S社のファイナンシャル・アドバイザーの説明によれば、S社は、数年前、構造改革の一環として、S社の国内パソコン事業をS社の100％子会社であるT社に分社化しており、T社ではパソコンの開発および国内販売を行っているということである。S社製パソコンは、インドネシア所在のS社の海外子会社（平成10年設立。S社が株式の99.9％を保有。以下「T社インドネシア」という）において製造しており、これらのパソコンは、T社および海外に所在するS社の販売子会社を経由して販売されている。

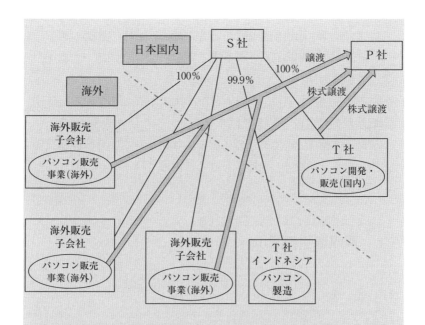

なお、S社パソコン事業の直近の年間国内売上高は約500億円であり、そのほとんどはT社の売上高である。

P社は、1か月ほど内部で議論を重ねた結果、S社に対して本件買収について前向きに検討したい旨の回答をすることとした。S社製パソコンのブランド力およびS社が海外で構築した販売ネットワークに一定の魅力があること、また、S社のパソコン事業は複数年にわたって赤字を出し続けていることもあり、その買収価格は高くとも数億円〜数十億円程度であろうことを前提とした判断であった。P社は、S社との間で守秘義務契約を締結し、T社その他S社パソコン事業に関する初期的情報の提供を受け、その検討をすることとなったが、同時にまず、本件に関する開示の要否およびタイミングと独占禁止法上の手続について、弁護士に相談した。P社としてはS社パソコン事業の詳細が分かるま

> では本件取引は慎重に進めようとしており、本件に関する開示については本件取引実行の目処がある程度ついた時点で行いたいと考えている。
> 　なお、S社としては、T社およびS社パソコン事業の売上高、総資産その他の財務情報を踏まえると、S社自体はS社パソコン事業の売却について開示する義務はないと考えているものの、適当なタイミングでこれを開示することはやぶさかではない、ということであった。

■1　買収取引の開示

(1)　概　説

　本件は、上場会社であるS社とP社の間の①T社株式、②T社インドネシア株式および③S社の海外パソコン販売事業の売買である。本件における基本的な買収手続の流れは、以下の点を除き、非上場会社の間の株式譲渡（第1章■1参照）と大きな違いはない。

① 　上場会社の間の取引であることから、開示に関するルールの適用がありうること（適時開示などの要否が問題になること）
② 　一定の規模を有する競業者どうしの取引であることから、独占禁止法上の手続の適用があり得ること
③ 　海外の子会社・事業の売買にかかる手続が必要になること

　まず本項では、本件取引にかかる開示に関する規制について検討する（独占禁止法上の手続（上記②）および海外での手続（上記③）についてはそれぞれ本章■2および■3で検討する）。なお、海外パソコン販売事

業の具体的な買収スキームについてはさらに検討が必要であるため（本章■3参照）、本項の検討にあたっては、T社およびT社インドネシアの株式譲渡取引を前提とする。

(2) 開示に関するルール

① 開示すべき事項

　上場会社においては、非上場会社の場合と異なり、金融商品取引法や上場している金融商品取引所の規則が適用される。これらの法令や規則においては、経営上一定の重要な事項の決定をしたり、これが発生したりした場合、上場会社はこれらの事項に関連する情報を公表しなければならないとされている。具体的には、一定の事項が金融商品取引法上の臨時報告書による法定開示事項（金融商品取引法24条の5第4項、企業内容等の開示に関する内閣府令（以下「開示府令」という）19条2項）や、有価証券上場規程上の適時開示事項（東京証券取引所有価証券上場規程であれば402条）に該当すれば公表が必要になる。

　例えば株式譲渡に関しては、金融商品取引法上は、「特定子会社の異動の決定」（開示府令19条2項3号）、「子会社の取得の決定」（同項8号の2）等が、有価証券上場規程上は「子会社等の異動を伴う株式又は持分の譲渡又は取得その他の子会社等の異動を伴う事項」（東京証券取引所有価証券上場規程であれば402条1号q）等が、それぞれ臨時報告書の提出事由または適時開示事項に該当する可能性がある。もっとも、あらゆる株式譲渡がこれらに該当するわけではなく、いずれの場合も、対象会社が一定の規模以下の場合には開示不要となる（図表3-1参照）。

[図表 3-1：開示不要となる子会社の譲渡または取得]

①金融商品取引法	子会社の譲渡の場合	(a)の「特定子会社」に該当しない子会社の譲渡
	子会社の取得の場合	(a)の「特定子会社」に該当しない子会社の取得であり、かつ、(b)の「子会社の取得」にも該当しない取得
	(a)「特定子会社」（開示府令19条10項） 　一　上場会社に対する売上高の総額または仕入高の総額が上場会社の仕入高の総額または売上高の総額の100分の10以上である子会社 　二　純資産額が（上場会社の最近事業年度の末日において）上場会社の純資産額の100分の30以上に相当する子会社 　三　資本金の額が上場会社の資本金の額の100分の10以上に相当する子会社 (b)「子会社の取得の決定」（開示府令19条2項8号の2） 　子会社取得に係る対価の額が上場会社の最近事業年度の末日における純資産額の100分の15以上に相当する額であるとき	
②東京証券取引所有価証券上場規程	次のaからjのいずれにも該当する子会社の譲渡または取得（東京証券取引所有価証券上場規程施行規則であれば401条5号）	
	a	対象会社の直前事業年度の末日における総資産の帳簿価額が上場会社の直前連結会計年度の末日における連結純資産額の100分の30に相当する額未満であること
	b	対象会社の直前事業年度の売上高が直前連結会計年度の連結会社の売上高の100分の10に相当する額未満であること
	c	対象会社の直前事業年度の経常利益金額が上場会社の直前連結会計年度の連結経常利益金額の100分の30に相当する額未満であること

	d	対象会社の直前事業年度の当期純利益金額が上場会社の直前連結会計年度の親会社株主に帰属する当期純利益金額の 100 分の 30 に相当する額未満であること
	e	上場会社の直前事業年度における対象会社からの仕入高が上場会社の直前事業年度の仕入高の総額の 100 分の 10 に相当する額未満であること
	f	上場会社の直前事業年度における対象会社に対する売上高が上場会社の直前事業年度の売上高の総額の 100 分の 10 に相当する額未満であること
	g	対象会社の資本金の額又は出資の額が上場会社の資本金の額の 100 分の 10 に相当する額未満であること
	h	子会社取得に係る対価の額が上場会社の直前連結会計年度の末日における連結純資産額の 100 分の 15 に相当する額未満であること
	i	子会社取得に係る対価の額が上場会社の直前事業年度の末日における純資産額の 100 分の 15 に相当する額未満であること
	j	有価証券の取引等の規制に関する内閣府令 49 条 11 号に定める事項

② 開示のタイミング

株式譲渡に関する適時開示を行うべきタイミングは、その決定時とされる[1]（臨時報告書の提出については「業務執行を決定する機関による決定時」（開示府令 19 条 2 項 3 号、同項 8 号の 2 など））。買収手続においては、法的拘束力を有する最終契約以前に株式譲渡などの検討を開始す

---

[1] 東京証券取引所上場部編『会社情報適時開示ガイドブック（2017 年 3 月版）』27 頁。

る旨の基本合意書などを締結することが少なくないが、適時開示との関係で、このような基本合意書締結の決定時が適時開示を必要とする「決定」に該当するのかどうかが問題となる。

　この点、株式譲渡に関する基本合意書があくまで交渉開始のための一定の合意に過ぎず、この基本合意書の締結を決定したことをもって想定されている取引の成立の見込みが立つものではないといった一定の場合を除いて、「重要な会社情報の決定」として、適時開示を行う必要性があるとされている[2]。したがって、本件においても、基本合意書を締結した場合には、その内容次第では適時開示を行わなければならないとされる可能性がある。

(3) インサイダー情報の管理

　開示の対象となる事実が金融商品取引法上のインサイダー取引に係る「重要事実」（同法166条2項）（いわゆるインサイダー情報）に該当する場合、かかる事実を開示するまでの間は一定の管理が必要になる。つまり、取引の事実の開示後はかかる管理は不要となることが、取引を開示することのメリットの一つともいえる。

　一般に、上場会社において、株式譲渡その他のM&A取引は重要な経営事項であることに加え、適時開示が義務付けられるような場合については、金融商品取引法上のインサイダー取引に係る「重要事実」に該当することが多い。具体的には、株式譲渡の場合には、「子会社の異動を伴う株式等の譲渡・取得」（金融商品取引法166条2項1号ヨ、同法施行令28条2号）として原則として「重要事実」になる。ただし、一定の軽微基準（有価証券の取引等の規制に関する内閣府令49条1項11号イ）[3]に該当すれば例外的に「重要事実」には当たらないことになる。

---

[2]　東京証券取引所上場部編・前掲注1) 52頁参照。

上記の「重要事実」が未公表である限り、かかる「重要事実」を知って当該上場会社の株式などを取引することはインサイダー取引として禁止される。したがって、上述のとおり、「重要事実」に該当する事実が公表されるまでの間、インサイダー取引を防止するため、かかる事実については厳密な管理が要求されることになる。特に近時、M&A取引に係る重要事実を知ってインサイダー取引を行う事例がしばしば発生しており[4]、公表がなされるまでのM&A取引に係る会社内の情報管理は重要度を増している。株式譲渡の公表がなされるまでのインサイダー情報の管理の方法としては、①チームメンバーを明確に決定し、それ以外の役職員には関連する情報を一切開示・漏洩しない、②もし他の役職員から情報・資料を取得する必要がある場合には、M&A取引とは異なる名目に基づいて、資料・情報を出してもらう、③案件パスワードを設定し、関連データにはすべて当該パスワードを設定する等の対応を取る必要がある。

　その他、M&A取引においては、金融商品取引所から後日、「会社情報の公表に至る経緯に関する報告書」の提出を求められることが少なくない。これは後日求められるものであるため、その際に十分な記載ができるよう、M&A取引の検討開始時からこの点に留意し、当該M&A取引の検討に関する会議等に関し、会議の日時、場所、出席者、会議内容等の情報を記録しておくことが必要である。

---

3) 具体的には、対象会社の最近事業年度の末日における総資産の帳簿価額が会社の最近事業年度の末日における純資産額の100分の30に相当する額未満であり、かつ、対象会社の最近事業年度の売上高が会社の最近事業年度の売上高の100分の10に相当する額未満である場合に軽微基準に該当する。
4) 最決平成23年6月6日刑集65巻4号385頁［村上ファンド事件］等。

(4) 本事例における検討

　本件では、T社の売上高は、少なくともP社の連結および単体の売上高の100分の10を超えると考えられるため、P社においては、本件取引を決定したタイミングで本件取引に関する事実を適時開示し、臨時報告書を提出する必要がある。また、P社にとって本件取引に関する情報はインサイダー取引に係る「重要事実」に該当する。

　株式譲渡を行おうとしている事実が公表される場合、その内容によっては、対象会社の役職員や取引先の動揺や、買主・売主の株価への影響などが生じる可能性があり、株式譲渡の実行可能性が不透明な段階でこれを開示することは無用の混乱を招くおそれがある。また、一旦株式譲渡の計画を公表した後は、公表前に比べてこれを撤回することが事実上困難になるということもあろう。

　他方、株式譲渡の計画の公表により、上述のとおり、インサイダー取引防止のための情報管理が不要となり、株式譲渡の検討・準備に広く役職員を関与させることが可能になる。したがって、デューディリジェンスや独占禁止法審査などにおける対象会社の資料開示、情報収集などを、より充実したものにすることが期待できる。

　したがって、株式譲渡の計画の公表によるこれらのメリット・デメリット等を勘案しつつ、基本合意書を締結して適時開示等を行うのか否か、また、そのタイミングについて、慎重に検討を進めていくこととなる。拙速な公表を避けたいP社としては、十分な情報を踏まえた上で本件取引を実行できる相当の可能性があると判断できない限りは本件取引の公表はできないことを説明し、まずは本件取引の公表前に可能な限りの情報開示をS社に求めていくことになろう。

> **事例 3-2　独占禁止法上の手続**
>
> 　日本国内のパソコン市場におけるP社のシェアは約10.0%で第5位事業者、T社のシェアは約5.6%で第6位事業者である。P社としては、本件取引において独占禁止法上問題解消措置を講じるということは想定しておらず、そのようなことをせねばならないということであれば、本件取引自体を取り止めることも検討するという考えであった。なお、本件取引後のハーフィンダール・ハーシュマン・インデックス（HHI）（本章 2(4)、column 3-1 参照）は1,845で、株式取得による増分は112と見込まれている。
> 　そこで、事例 3-1 記載のとおり、上記を踏まえ、P社として本件取引に関する独占禁止法上の手続についてどのように進めるべきか弁護士にアドバイスを求めた。

2　独占禁止法上の手続

(1)　概要（株式譲渡の場合）

　本項では、本章 1と同様、T社およびT社インドネシアの株式譲渡取引を前提とする。

　株式譲渡を行うとき、以下のすべての要件を満たす場合には、買主は、公正取引委員会に対し、事前に「株式取得に関する計画届出書」（「株式取得届出」）を提出しなければならない（独占禁止法10条2項・5項、同法施行令16条）。

　① 買主グループの国内売上高合計額が200億円を超える。

② 対象会社およびその子会社の国内売上高合計額が50億円を超える。
③ 買主グループの対象会社における議決権保有割合が当該株式譲渡実行後新たに20%または50%を超えることとなる。

公正取引委員会に対する株式取得届出の提出などに関するスケジュールは図表3-2のとおりである。

[図表3-2：株式取得の際の独占禁止法上のスケジュール]

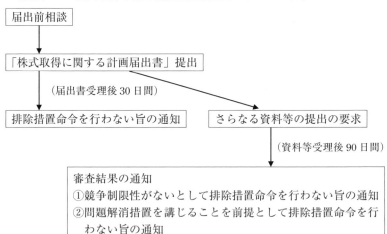

(2) 届出前相談

買主は、公正取引委員会に対して株式取得届出を提出する前に、公正取引委員会に対し、任意で届出前相談を行うこともできる（公正取引委員会「企業結合審査の手続に関する対応方針」（平成23年6月14日）2

項)。届出前相談では、届出書の形式的なチェックをしてもらうのみならず、独占禁止法審査に関わる実質の一部分についても相談を行うことが可能である。この相談に際しては、公正取引委員会は、買主が提出した関連資料などに基づいて可能な範囲で公正取引委員会としての考え方を説明することとなる。ただし、届出前相談に際して説明されるこの公正取引委員会の考え方は、届出が行われ、実際の審査が始まった場合には、修正されることがあるとされている点には、留意が必要である。

(3) 株式取得の届出／審査

　株式譲渡が上述の届出の要件を充足している場合、必要に応じて届出前相談を経た後、買主は、公正取引委員会に対して株式取得の届出をすることになる。買主は、公正取引委員会がこの届出を受理した日から30日間（いわゆる待機期間）、株式の取得を行ってはならない（独占禁止法10条8項）とされるが、この期間は場合によっては短縮が認められることもある。

　公正取引委員会は、この30日間の待機期間中に、届出された株式取得に競争制限性があるかを審査し、その間には競争制限性がないとは判断できない場合には、さらに審査に必要な報告、情報または資料の提出を買主に求める。そして、買主からこれらが提出された後90日間の間に引き続き競争制限性の審査を行った後、公正取引委員会は、審査の結果に基づき、以下のいずれかの措置をとる。

① 競争制限性がないとして排除措置命令を行わない旨通知する。
② 競争制限のおそれがあるためそれを回避するための問題解消措置を講じることを前提として排除措置命令を行わない旨通知する。

③ 競争制限のおそれがあるとして排除措置命令前の通知（意見聴取の通知）をする。

> **column 3-1** ハーフィンダール・ハーシュマン・インデックス（HHI）およびセーフハーバー
>
> 　検討している株式取得が独占禁止法上問題になり得るものなのか（より具体的には、届出前相談を行うか否か、行うとしてどのタイミングで行うか）については、まず、取引市場を検討して算出した市場シェアを元に検討するのが一般的である。その際に、市場シェアとともに参考とするのが、ハーフィンダール・ハーシュマン・インデックス（HHI）である。
> 　ハーフィンダール・ハーシュマン・インデックス（HHI）とは、取引市場における事業者ごとに当該事業者の市場シェア（％）を二乗した値を計算し、これを当該取引市場における全事業者について合計したものである。HHIは市場集中度を測る指標として使われる。以下の①～③はセーフハーバーと呼ばれ、これらのいずれかに該当する場合には、水平型企業結合が当該取引市場における競争を実質的に制限するとは通常は考えられないと判断される（公正取引委員会「企業結合審査に関する独占禁止法の運用指針」（平成16年5月31日）第4の1(3)参照）。
>
> ① 企業結合後のHHIが1,500以下である場合
> ② 企業結合後のHHIが1,500超2,500以下であって、かつ、HHIの増分が250以下である場合
> ③ 企業結合後のHHIが2,500を超え、かつ、HHIの増分が150以下である場合
>
> [HHIの計算の例]
>
> 市場シェアが、それぞれ、1位事業者は45％、2位事業者は30％、

3位事業者は15%、4位事業者が10%である場合のHHIは以下のとおりである。

$$HHI = 45^2 + 30^2 + 15^2 + 10^2 = 3,250$$

このうち、3位事業者が4位事業者の株式を買収し子会社化した場合には、市場シェアは、それぞれ、1位事業者は45%、2位事業者は30%、3位事業者（および4位事業者）は25%となる。この場合のHHIは、以下のとおりとなる。

$$HHI = 45^2 + 30^2 + 25^2 = 3,550$$

したがって、3位事業者による4位事業者の株式の取得後のHHIは3,550であり、かつ、当該株式の取得に関するHHIの増分は300である。この場合、上記①〜③のいずれにも当てはまらないので、セーフハーバーには該当しない。

(4) 本事例における検討

本件ではまずT社とP社のパソコン販売事業における市場シェアなどをもとに、ハーフィンダール・ハーシュマン・インデックス（HHI）により算出されるセーフハーバー（ column 3-1 参照）も参考にしながら、そもそも公正取引委員会における届出前相談が必要か否かを検討し、届出前相談が必要な場合は公正取引委員会への説明にかかり得る時間なども踏まえて届出前相談のタイミングの検討をすることになる。

本件の場合、それほど当事者の市場シェアが高いというわけではなく、排除措置命令が出される具体的な懸念があるわけではないと考えられる。しかし、セーフハーバーにはいずれも該当していないし、P社としては問題解消措置が必要となるという事態は絶対に避けたいとの意向であるので、例えば、基本合意書締結および適時開示の1か月ほど前から届出前相談を行い、基本的な部分について、公正取引委員会との意見交換を開始し、その感触を探ることが考えられる。

第3章 海外事業を含む子会社の譲渡

> **事例3-3　海外事業買収のスキーム**
>
> 　P社は、さらに本件の海外事業、つまり、T社インドネシアとS社の海外パソコン販売事業の買収の進め方についても弁護士に相談した。
> 　なお、T社インドネシアの株式は上記のとおり、99.9％はS社が保有しており、残り0.1％はS社の100％子会社（日本法人）であるS′社が保有しているということである。また、S社の海外子会社では、基本的に、パソコンのみならず、S社グループの他の商品の販売事業も行っていることが多く、その場合、パソコン以外の販売事業は、S社グループに残す必要があるということであった。

■3　海外事業買収スキーム

(1)　概　説

　海外の会社を買収する場合には、当該国の法制度上、そもそも日本の会社法上利用可能な組織再編行為に関する定めがないこと等により、日本国内の案件であれば利用可能なスキームが利用できないことも珍しくない。例えば、インドネシアなどにおいては、株式交換および株式移転に関する定めは存在しない。

　また、当該国において一般的に利用できる買収のスキームを洗い出したとしても、各スキームについて、日本における類似のスキームにはない当該国特有の手続その他の法制度が、買収の実行や買収後の事業運営に際して大きな検討課題となることも少なくない（例えば、外資

規制の関係で買主が取得できる株式数に制限がある場合があること、インドネシアなどでは、株式会社の最低株主数が定められていたり、合併や株式取得による対象会社の支配権の移転に際して退職しまたは解雇される従業員に対して高額な退職金の支払いが必要となるリスクがあることなど)。したがって、スキーム検討にあたっては、買収の目的や買収後の企業グループの構造等を考慮することはもちろんであるが、加えて対象会社が存在する国の法制度を十分に調査する必要がある。なお、その際には、現地カウンセルを起用することが必須となるが、国によっては法律事務所の提供するサービスの質のばらつきが大きくなりがちであるため、現地カウンセルの起用にあたっては、過去の起用経験や評判等を考慮し、慎重に選定手続を進める必要がある。

(2) T社インドネシア

T社インドネシアの買収スキームについては、税務・会計の観点から特段の理由がない限り、株式譲渡により同社の全株式を取得することで足り、あえて他のスキーム(例えば、インドネシア子会社を設立した上で合併または事業譲渡を行う等)を選択すべき特段の理由はないと思われる。したがって、S社およびS′社から、T社インドネシアの発行済株式のすべてを取得することにより、T社インドネシアを買収するというスキームを選択することになろう。なお、インドネシアでは、一人株主の株式会社は認められていないため、例えばP社がS社からT社インドネシア株式の99.9%、P社の完全子会社であるP′社がS′社からT社株式の0.1%を譲り受けるという方法が考えられる。

なお、外国法人による会社買収を行うにあたり、留意しなければならないのが外資規制である。一定の業種に対して外資による投資に制限が設けられている国は少なくなく、買収の対象会社の業種によっては、外資による投資がそもそも禁止されているか、または投資を行う

ことが可能であるとしても出資比率に制限があるため、買収の検討の初期段階において、対象会社が行っている業種が外資規制の対象となっていないかを確認する必要がある。

この点、T社インドネシアの行うパソコン製造事業はインドネシアでは外資規制の対象とされていないので、上記のとおり、P社（およびP'社）が、T社インドネシアの発行済株式のすべてを取得するスキームを採用することに問題はないと考えられる。

(3) 海外における販売事業

① 各海外子会社に関する検討

S社の各海外子会社におけるパソコン販売事業の譲渡方法に関しては、各海外子会社ごとに**図表3-3**記載のパターンが考えられる。

また、その他事業を行っている海外子会社の規模が極めて小さくその事業の一部を切り出すことが不可能または非現実的な場合などには、あえて海外子会社から「その他事業」または「パソコン販売事業」を切り出すことはせず、S社（または当該海外子会社）との間で販売委託のアレンジをすることも考えられる。

各海外子会社において、いずれの手法を採用するのが適切かを検討するにあたっては、まずは、各海外子会社において承継対象事業と関係する資産、負債、従業員等の概要や、承継対象事業が事業全体に占める割合等（具体的には、当該海外子会社の売上のうち承継対象事業に関する売上が占める割合、当該海外子会社の従業員のうち承継対象事業に従事する者の割合、当該海外子会社の保有する工場等の資産のうち承継対象事業に使用されているものの割合等）を把握する必要がある。

その上で、現地法に照らして、どのような手法が可能か、そのような手法をとることによる時間とコストはどれくらいか、検討中の手法の他に、より合理的な手法はないかといった点を確認することになる。

[図表3-3：海外子会社におけるパソコン販売事業の譲渡方法（海外子会社ごと）]

A．当該海外子会社においてパソコン販売事業以外の事業（以下「その他事業」という）を行っていない場合		
A-1．株式譲渡	当該海外子会社の株式を譲渡する。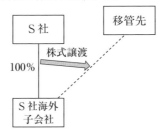	
B．当該海外子会社においてその他事業を行っている場合		
B-1．事業切り出し＋株式譲渡	当該海外子会社からその他事業を会社分割や事業譲渡等により切り出した後、当該海外子会社の株式を譲渡する。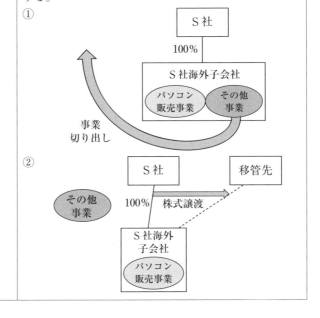	

85

第3章 海外事業を含む子会社の譲渡

B-2. 事業切り出し	当該海外子会社からパソコン販売事業を会社分割や事業譲渡等により切り出す。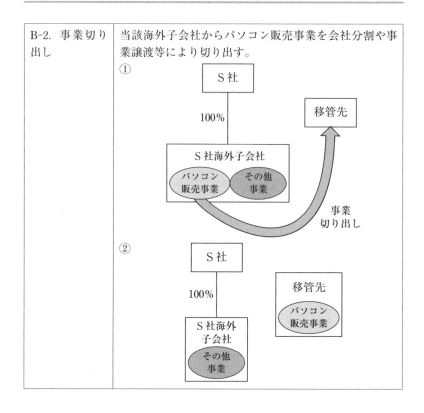

　上記のとおり、複数の国において事業の譲渡を行う際には、様々な要素を考慮した上で取引手法を決定することになるため、いずれの手法を用いるべきかということを一概に述べることはできない。しかしながら、現地法に照らした検討を開始するにあたっては、まず、特殊な事情がない限りは以下の手法を原則とした上で、かかる手法が合理的なものか否かを決定していくことも考えられよう。

　ⓐ　パソコン販売事業のみを営んでいる海外子会社については株式譲渡（A-1）

ⓑ　その他事業を営んでいるものの、パソコン販売事業が占める割合が大きい海外子会社については、事業切り出し＋株式譲渡（B-1）
ⓒ　その他事業を中心に営んでおり、パソコン販売事業が占める割合が小さい海外子会社については、事業切り出し（B-2）

なお、事業切り出し（B-2）に際しては、切り出したパソコン販売事業の受け皿となる会社がP社にない場合などは、P社において受け皿となる新会社を設立するか、または、S社において受け皿となる新会社を設立して、パソコン販売事業を当該新会社に譲渡し、その上で、当該新会社の株式をP社（またはその子会社等）に譲渡することを検討することになる。

② P社への譲渡方法に関する検討

各海外子会社を株式によって譲渡するのか、事業そのものを譲渡するのかといった①における検討とあわせて、かかる株式や事業をどのようにしてP社に対して譲渡するのか、という点も検討が必要になる。

この点、まず、S社またはS社の子会社から、P社またはP社の子会社に対して各海外子会社の株式またはパソコン販売事業を個別に譲渡する方法（以下「個別譲渡スキーム」という）が考えられる（図表3-4）。この場合、通常これらの個別の譲渡は、本件取引のクロージング（つまり、T社株式の譲渡のクロージング）と同時に行われる必要があろう。

ただし、特にP社としては、個別譲渡スキームではなく、各国のパソコン販売事業をS社にて一旦販売統轄子会社に集約させた上でこれを譲り受ける、といったスキーム（以下「販売統轄子会社スキーム」という）も考えられる（図表3-5）。具体的には以下のようなステップによるスキームである。

第3章　海外事業を含む子会社の譲渡

[図表3-4：個別譲渡スキーム]

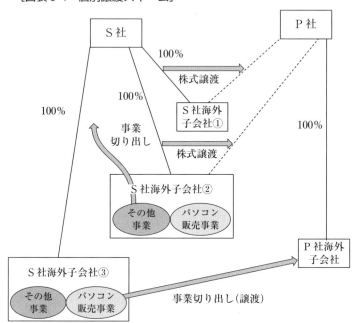

- ⓐ　T社の子会社として販売統轄子会社Xを設立する。
- ⓑ　各国のパソコン販売事業を販売統轄子会社Xの100％子会社に移管させる
- ⓒ　上記ⓐおよびⓑについては、クロージングまでに完了させることとする。

P社にとっては、このスキームを採用することで、パソコン販売事業の移管についてS社の責任にて実行させることができることになる（ただし、パソコン販売事業の移管手続については一定程度S社に委ねることになる）。また、クロージング時にはT社およびT社インドネシアの株式のみを譲渡すれば足りることになるため、クロージングを簡

3 海外事業買収スキーム

[図表3-5：販売統轄子会社スキーム]

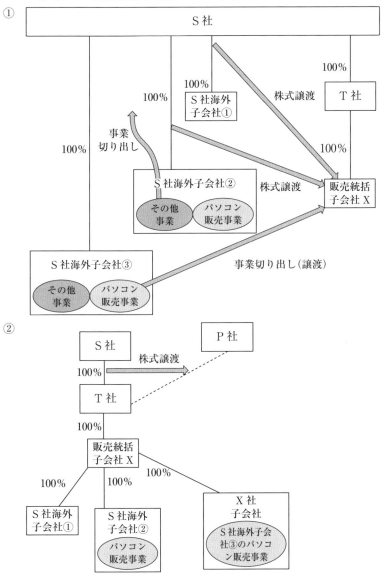

単に実行することが可能となり、P社のみならず、S社にとってもメリットがあるスキームであるともいえよう。

4　海外事業のデューディリジェンス

(1) 総　論

　近年、日本企業による海外企業買収において、対象会社（グループ）の不正会計や許認可に関する問題、その他の不正・不祥事から、結果的に想定外かつ多額の損害を被る事例が複数発生している。したがって海外企業の買収における不正・不祥事リスクを最小化し、また、買収後発生し得るリスクにどのように対応するか、そのために海外におけるデューディリジェンスを如何に有効に進めるかは、日本企業にとって大きな課題となっている。

　また、S社パソコン事業のように、対象となる会社や事業の所在国が複数の法域にまたがる場合には、P社が法務デューディリジェンスの調査範囲をどのように設定するかにつき検討を要する。対象となる法域が多数にわたる場合、すべての法域を対象として詳細な法務デューディリジェンスを実施しようとすると、各法域について現地の法律事務所を起用する必要がある上、作業量および費用が膨らむことは避けられず、調査に要する期間が長期化する可能性もある。したがって、基本的には、各法域における子会社およびその事業活動の重要性、想定されるリスクの影響度合いに応じて、法務デューディリジェンスの実施の有無およびその調査範囲を決定することになろう。例えば、重要な法域（本件ではT社インドネシアが所在するインドネシアなど）については現地の法律事務所を選定して詳細な法務デューディリジェンスを実施しつつ、事業上重要度の低い法域については、簡易なデューディリジェンスにとどめるか、そもそも現地の法律事務所を起用する

形での個別のデューディリジェンスは実施しないという対応もあり得る。

(2) 各論

法務デューディリジェンスにおける基本的な調査項目は、対象会社が日本国内に所在する場合と概ね同様である（株式譲渡取引における法務デューディリジェンスの基本項目については第1章■3を参照）。もっとも、海外での買収取引では、対象会社の所在国の法令等を考慮して調査項目に適宜修正を加えることが必要となるので、実際に調査項目を決定するにあたっては、現地カウンセルと十分に協議する必要がある。

本事例において法務デューディリジェンスを行うにあたり留意すべき現地の法制度等としては、例えば以下の点が挙げられる。

① 会社組織

株式会社の機関が日本の会社法の定めるそれとは大きく異なることも珍しくない。そのような機関の権限が、取引の実行や買収後の事業運営の障害とならないかという観点から、会社組織に関する法務デューディリジェンスを行う必要がある。

例えば、インドネシアの会社法上、株式会社における必要的設置機関の一つであるコミサリス会は、日本の株式会社における監査役と類似の監督機能に加えて、取締役会による会社経営に対して助言を与えるという役割も担っており、一般的に、特定の事項に係る取締役会の業務執行について、コミサリス会の承認を条件としている会社が多い。したがって、T社インドネシアの定款等によりコミサリス会の権限を確認しておく必要がある。

② **不動産**

海外においては、外国資本会社による土地の所有が禁止・制限されている国や、個人・法人を問わず、土地の所有が禁止されている国がある点に留意を要する。

③ **人事・労務**

外国会社を買収する場合、各国特有の労働法制によって、予期せぬ金銭的負担を強いられる場合や、買収後の人事体制に影響を及ぼす場合がある点に留意を要する。

例えば、インドネシアにおいて、既存株主から対象会社の株式を取得することが、インドネシアの会社法に定められる「買収」に該当する場合（「買収」の意義については、 column 3-3 参照）、対象会社は、当該「買収」に際して退職する従業員（雇用期間の定めのない従業員）に対して、通常の自己都合退職の場合と比べて高額の退職金を支払わなければならず、さらに、退職事由に応じて法定の割増率が異なる。通常の自己都合退職の場合と「買収」に際しての退職の場合との、退職金の算定方法の具体的な差異は、図表3-6のとおりである。

なお、実際には、「買収」に際して退職を申し出なかった従業員（または労働組合）から事実上金銭の要求がなされるケースも散見される。これらの従業員については、雇用主が雇用を継続する限りはM&Aの際に退職金その他の名目での金銭の支払義務を法律上負うことはないものの、実務上は、買収後の円滑な事業運営のために、退職しない従業員に対しても金銭を支払っている場合がある。

④ **コンプライアンス（汚職防止法制）**

海外には、特に汚職リスクが高いとされる地域（東南アジア（シンガポールは除く）などいわゆる新興国が多い）も多く、このことはこのような国に進出しようとする企業や進出した日本企業が事業を行う上で大

[図表 3-6：退職金の算定方法の違い]

通常の自己都合退職による労使関係の終了の場合
・損失補償金（①未消化の年次休暇、②労働者およびその家族の移動費用、③住宅手当および医療手当の補償、および④その他雇用契約、就業規則および労働協約で定める事項が算定の基準となる）、および雇用契約、就業規則または労働協約で定めた手切れ金
「買収」に関する事前の通知（ column 3-3 参照）を受けて従業員が退職を申し出たことによる労使関係の終了の場合
・損失補償金、退職手当および功労金（後二者については、いずれも勤続年数によって最低額が法律により定められている） ・通常の自己都合退職の場合と比べて退職金の合計額は一般的に高額
「買収」に際して会社が従業員を解雇したことによる労使関係の終了の場合
・損失補償金、退職手当および功労金 ・退職手当の額が、従業員が退職を申し出た場合の2倍

きな悩みの種となっている。海外各国での贈賄行為に関しては、①当該贈収賄行為が実行された国の汚職防止法に加えて、②米国の海外腐敗行為防止法（Foreign Corrupt Practices Act。以下「FCPA」という）や英国の贈収賄防止法（Bribery Act 2010。以下「UKBA」という）が適用される可能性[5]も視野に入れて検討する必要がある。

T社インドネシアなどにおいて買収前に贈賄が行われていた場合には、買収の実行後にその過去の贈賄行為が明らかになり、捜査機関から莫大な制裁金を科せられて対象会社の企業価値が大きく毀損し、ひいてはP社グループ全体にも影響を及ぼしかねない。また、買収後も贈賄行為が継続し、P社やP社から派遣された駐在員がそれを認識していながら放置した、または認識できないこと自体に内部統制システ

---

[5] 実際に、多国籍企業の中には、アジアを含む新興国における贈賄行為について摘発を受けて高額の制裁金を科されるケースも見られる。

ム構築・運用上の問題があると認定される場合には、買収後のＴ社インドネシアらによる贈賄行為について、Ｐ社およびＰ社の取締役の責任を追及される可能性も否定できない。さらに、FCPAに関しては、このような場合に、買収後に行われた不正行為のみならず買収前の不正行為をも対象に含めて買収者の責任が問われた実例も存在する。

　Ｐ社としては、Ｔ社インドネシアなどにおける贈収賄リスクに関して、本章■6のとおり、本件取引にかかる契約において一定の手当てを行うことは可能であるものの、疑わしい場合には、まず当該リスクの有無・程度を極力把握すべく、買収前に十分な調査を行うことが重要である。贈収賄に関する法務デューディリジェンスの主要な確認事項は、汚職防止法制違反の有無についての対象会社の認識に加えて、FCPA・UKBA等に関するコンプライアンス体制となろう。より踏み込んだデューディリジェンスを行う場合には、社内規程や各種報告書等の資料に加えて財務情報についても分析した上で詳細なインタビューを行い、問題点を洗い出していくといった方法を採ることになるが、その場合、弁護士と財務の分析を担当する専門家との連携が重要となる。

　FCPAに関する米国司法省（Department of Justice）のガイドラインにおいても、買収前のデューディリジェンスにおいてFCPA違反行為を発見し、自発的開示や米国当局への捜査協力等を行った場合に、買収者に対する執行が差し控えられた事例が紹介される等、デューディリジェンスの重要性が明確に指摘されている。法務デューディリジェンスの結果、贈賄行為が行われていたことが発覚した場合には、科される可能性のある罰金等の偶発債務の額を慎重に検討するとともに、レピュテーションその他の金銭的評価の困難な要素も考慮して、場合によっては取引の中止も視野に入れて検討すべきである。

> **column 3-2** 汚職防止法制（FCPA・UKBA）

　FCPA は、米国企業のみならず、海外企業でも米国で事業を行っている会社や、米国 SEC に証券発行登録をしている会社を対象に含むことに加えて、米国外で行われた贈賄行為も対象となり得る[6]ため、適用範囲が非常に広い。

　また、UKBA は、2011 年 7 月に施行された比較的新しい法律であり、日本企業の摘発事例として公表されているものは存在しない。もっとも、公務員に対する贈賄のみならず、民間人に対する贈賄行為も規制の対象としている点に加えて、贈賄防止懈怠罪という固有の犯罪類型を定めている点で、大きな特徴を有する。贈賄防止懈怠罪は、英国で事業（の全部または一部）を行う企業の「関係者」の贈賄行為について、当該企業がかかる贈賄行為と直接には関係しない場合であっても、「関係者」の贈賄行為を防止するための十分な措置を講じなかったことを捉えて、当該企業の責任を追及し得るとするものである。ここでいう「関係者」には、子会社に加えて、ディストリビューター、サプライヤー、エージェント、コンサルタント等の第三者も含まれることから、適用対象は非常に広い。英国に子会社がある場合には、UKBA が企業グループ全体に適用される可能性も否定できないと考えられている。

　FCPA や UKBA への違反があった場合には、対象会社自体に高額の民事制裁金や刑事の罰金が課されるとともに、担当者個人にも刑事罰として罰金・懲役が科せられる可能性があることに加えて、重大なレピュテーションリスクが生じる可能性もあることから、違反による影響は重大である。

---

6) FCPA 上、「米国で行為の一部を行った」ことが要件とされているが、当該要件については、公務員に対する賄賂の授受が米国内で行われた場合のみならず、米ドルで賄賂資金を送金しただけの場合や賄賂に関する電子メールの受信者が米国内に所在するだけの場合にも、満たす可能性があるとされている。

⑤ 環　境

　T社インドネシアは工場を運営しているので、環境汚染のリスクには十分に注意する必要がある。もっとも、法令上の排出基準等を満たしているか、どのような汚染物質が存在するか、当該物質の除去に要する期間・コストはどの程度か等の点に関して、弁護士は必要な技術的・科学的知識を有していないことが通常であるから、環境汚染リスクについて技術的・科学的見地からの調査を実施したい場合には、P社は、別途環境アドバイザー等に依頼する必要がある。

　一方、環境関連の法規制については、法務デューディリジェンスにおいて確認が必要である。例えば、インドネシアにおいて、T社インドネシアが環境関連の許認可として必要なものを取得しているかという点については確認を要する。

⑥ 税務・会計

　特に東南アジア企業においては、対象会社が違法に複数の帳簿を作成しているいわゆる「多重帳簿」の問題が珍しくないといわれている。かかる多重帳簿を有する会社を買収した場合には、将来的に税務当局から追徴課税を受けるリスクが存在するので、会計・税務デューディリジェンスには慎重を期する必要があり、会計・税務デューディリジェンスについては、会計士・税理士から適時に十分なフィードバックを受けることが望ましい。

⑦ その他（ダイベストメント義務）

　本件取引ではT社インドネシアに関して、以下のダイベストメント義務が問題になる。

　インドネシア法上、（平成19年4月26日時点で）外資100％の会社（以下「外資会社」という）については、商業的活動の開始から15年以内に、外資が保有する株式の一部をインドネシア法人またはインドネシア人

に対して譲渡しなければならないという義務（ダイベストメント義務[7]）が定められており、実務上問題となることが多い。なお、株式の譲渡先として、インドネシア法人または個人の株主候補を見つけられない場合には、インドネシア投資調整庁（Badan Koordinasi Penanaman Modal。以下「BKPM」という）に対する申請により、最長2年間の猶予期間が与えられるが、申請が却下された場合には、直ちにダイベストメント義務を履行する必要がある。T社インドネシアの設立および事業活動の開始は平成10年であり、ダイベストメント義務の履行期を既に徒過していることになるので、P社としては、契約における手当てを含め、対応を検討する必要がある（契約上の手当てについては本章■6参照）。なお、従来、ダイベストメント義務の履行として譲渡された外資会社の株式は、当該会社が営業・生産を継続する限り、インドネシア法人またはインドネシア人が保有を継続しなければならないと定められていたが、上記定めは平成25年に廃止されており、現在は、外資会社がダイベストメント義務を履行した後直ちにインドネシア人から譲渡株式を買い戻すことも明文で許容されている。かかる見解によれば、一旦ダイベストメント義務を履行した後に当該株式を買い戻すことにより、改めて外資100％の状態に戻すことが可能となる。

事例3-4　**株式および海外事業の譲渡に関する契約**

　P社は、S社パソコン事業に関するデューディリジェンスを終え、各海外子会社のパソコン販売事業譲渡の取引手法も確定し、T社およびT社インドネシアの株式の譲渡とあわせて契約を締

---

[7]　外資会社の各株主の出資額は最低1,000万ルピア（日本円で約8万2,000円）とされているので、ダイベストメント義務の履行にあたっては、少なくとも当該金額に相当する株式の譲渡が必要となる。

結することになった。海外パソコン販売事業については、販売統轄子会社スキームによって譲渡することでＳ社との間で合意することができた。

なお、デューディリジェンスの結果、①Ｔ社インドネシアにおいては重要な取引先の購買担当者に対してリベートを渡している可能性が一定程度認められる（ただし、確証は得られなかった）ことが判明した。加えて、②Ｔ社インドネシアにおいて従業員に対する退職金の支払いが必要になると予想されること（本章■4(2)③参照）、および③ダイベストメント義務違反（本章■4(2)⑦参照）についても、どのように対応すべきかが論点となった。

そこで、Ｐ社は、本件にかかる契約締結全般に関する留意点に加えて、上記①〜③への対応方法について、法律事務所に相談した。

■5　株式および海外事業の譲渡に際して締結される契約

(1)　契約の構成

上述のとおり、本件取引はＳ社からＰ社に対するＴ社株式、Ｔ社インドネシア株式およびＳ社の海外パソコン販売事業の譲渡である。しかしながら、販売統轄子会社スキームを採る場合、Ｔ社の株式譲渡とともに、Ｔ社の子会社である販売統轄子会社も譲渡されることになるから、形式的には本件取引はＴ社およびＴ社インドネシアの株式譲渡により実行できることとなる。したがって、本件取引にかかる契約については、Ｔ社の株式譲渡契約（Ｔ社インドネシア株式の譲渡契約については次項参照）とした上で、Ｓ社海外パソコン販売事業の譲渡に関しては、以下の定めを置くことになるものと考えられる。

① 販売統轄子会社の設立および当該子会社へS社海外パソコン事業を集約させることを、クロージングまでの間に履行すべきS社の義務（誓約事項）とする（第1章■5(3)参照）
② 上記のS社の海外パソコン事業の集約に関する手続の完了については、P社のクロージング実行の義務の前提条件とする（第1章■5(2)参照）

なお、販売統轄子会社へのS社海外パソコン事業の集約の方法やその条件（例えば、事業を譲渡する場合、譲渡すべき資産や従業員の詳細など）についても、T社株式譲渡契約に詳細を定めることになろう（場合によっては、海外子会社の株式または事業の譲渡に関する契約（またはその概要やひな形）をT社株式譲渡契約に添付することも考えられる）。

その他、T社の株式譲渡契約に関するポイントについては第1章■5を参照されたい。

(2) T社インドネシア株式の譲渡

T社インドネシア株式の譲渡については、P社とS社との間で行われる取引であり、T社インドネシアはT社と並んで主要な譲渡対象であることから、上記のT社株式譲渡契約にその詳細な条件をすべて定める（つまり、T社株式譲渡契約ではなく、T社およびT社インドネシア株式譲渡契約とする）ことが考えられる。しかしながら、インドネシア会社の株式の譲渡については特有の手続（ column 3-3 参照）などもあり、その譲渡契約の適法性や有効性などを中心に現地カウンセルのレビューが必要であるし、公証人が公正証書を作成する（ column 3-3 参照）際も株式譲渡契約を参照することとなる。他方、日本企業であるS社とP社の間で締結するT社株式譲渡契約は日本語で作成されることが通常であろう。そこで、T社インドネシア株式の譲渡に関しては、

少なくとも株式譲渡の手続などに関する規定については現地カウンセルや公証人に契約を参照させることを考えると英語で別契約を作成することが合理的な場合が多いと考えられる。この場合、具体的には以下のような契約構成が考えられる。

① Ｔ社株式譲渡契約には、以下の定めをおく。
  ⓐ Ｔ社インドネシア株式譲渡契約（英語）の書式を添付し、Ｐ社およびＳ社にて、クロージングまでに、Ｔ社インドネシア株式譲渡契約を締結し、同契約に従って、Ｔ社インドネシア株式譲渡の手続を進めることを誓約事項として定める。
  ⓑ Ｓ社およびＰ社のＴ社株式譲渡のクロージングの前提条件として、Ｔ社インドネシア株式譲渡実行の合理的見込みがあることを定める。
  ⓒ Ｔ社インドネシア株式譲渡契約には必ずしも定める必要がない規定（Ｔ社インドネシアに関する表明保証や補償に関する規定など）もおく。
② Ｔ社インドネシア株式譲渡契約には、以下の定めをおく。
  ⓐ Ｓ社およびＰ社のＴ社インドネシア株式譲渡のクロージングの前提条件として、Ｔ社株式譲渡実行の合理的見込みがあることを定める。
  ⓑ その他Ｔ社インドネシア株式譲渡の手続その他この株式譲渡を適法かつ有効に実行するために必要な最低限の規定をおく。

5 株式および海外事業の譲渡に際して締結される契約

> **column 3-3**　インドネシア法人の発行済全株式を取得する場合に必要となる手続

　インドネシアの会社法上、①他の株主からの発行済株式の取得、または②対象会社の取締役会を通した既存の株式もしくは新規に発行する株式の取得により、対象会社の支配権の移転が生じる場合には、当該株式取得は、「買収」に該当する。インドネシアの会社法は、「買収」を上記①と②の2つの類型に分けた上で、各類型についてそれぞれ手続要件を規定しており、いずれにおいても日本の会社法上の組織再編行為の手続に類する手続の履践が必要とされる。本事例のように、他の株主から、対象会社の発行済株式のすべてを取得する場合に必要となる主要な手続の流れは、以下のとおりである。

	手続の流れ	備考
(a)	デューディリジェンスおよび契約締結	―
(b)	対象会社による公表および従業員への個別通知	・(d)の対象会社の株主総会の招集通知の30日前までに行う必要がある。
(c)	債権者異議手続	・対象会社の債権者は、(b)の公表から14日以内に、買収についての異議を述べることが可能。 ・(d)の株主総会までに、対象会社が異議を述べた債権者と解決の合意に至らなかった場合、当該株主総会において解決方法が決定され、当該解決方法が履行されない限り、「買収」の手続を進めることができない。
(d)	対象会社の株主総会の承認決議	・株式譲渡についての承認決議を行う必要がある。

第3章　海外事業を含む子会社の譲渡

(e)	インドネシア投資調整庁の承認取得	・対象会社は、株主の変更についてインドネシア投資調整庁（Badan Koordinasi Penanaman Modal。以下「BKPM」という）に対して申請を行い、承認を得る必要がある＊。
(f)	公正証書の作成	・公証人の下、インドネシア語で、株式を譲渡したことを証明する公正証書を作成することにより株式譲渡の効力が生じる。
(g)	法務人権省への通知および商業省への登録	―
(h)	競争法に基づく事後届出	・総資産や売上高を基準とした一定の要件を満たす場合には、対象会社は、株式譲渡の効力発生日から30営業日以内に届出を行う必要がある。

＊なお、本事例では必要ないが、対象会社の既存株主のすべてがインドネシア人または100％内資のインドネシア法人であった場合には、外国会社または外国人が株主となれるよう、対象会社の定款を変更し、対象会社を外国投資会社（PMA）にしておく必要があるが、かかる定款の変更についても、BKPMの承認が必要となる。

column 3-4　インドネシア法に関連する留意点

① 言語法

インドネシアには、契約等における使用言語に関して、国語、国章及び国歌に関する法律（以下「言語法」という）が存在し、以下の内容を定めている。

・インドネシア（法）人を当事者とする契約は、インドネシア語で締結しなければならない。

・ただし、外国（法）人も当事者である契約については、インドネシア語に加えて、当該外国（法）人に係る外国語および/または英語で記載することもできる。

　なお、上記規定の法的効果（言語法に違反する契約の有効性等）については、言語法上明文規定がなく、解釈が分かれていた。この点に関しては、2013年6月、米国法人およびインドネシア法人を当事者とする英語のみで締結された契約が言語法に反し無効であると判示する地裁判決が下され、当該判決はその後最高裁で確定した。
　実務上、インドネシア法人と外国法人との間で締結される契約の交渉やドラフティングは英語等の外国語でなされることが多いところ、インドネシア語での契約締結が必要となると、翻訳等に時間や費用を要することに加えて、翻訳に誤りがあった場合の紛争リスク等が生じることとなる。それゆえ、従前の実務上の取扱いとしては、まずは外国語のみで契約を締結し、後日必要になった場合には別途インドネシア語でも契約を締結する（その上で、事後的に作成されたインドネシア語版の契約書が外国語による契約締結時から有効であったものと取り扱う）旨の合意をするにとどめることも少なくなかった。しかしながら、上記判決を踏まえると、当面の実務対応としては、インドネシア法人等を当事者とする契約については、原則として英語（または日本語）およびインドネシア語を併記した形式で契約を締結することが望ましい。

② 紛争解決手段
　インドネシア法人との間の契約に限ったことではないが、契約締結に際しては、紛争解決手段の合意を当該契約の中に含めることが望ましい。紛争解決手段として主に考えられる選択肢は、①インドネシア国外の裁判所、②インドネシアの裁判所、③インドネシア国外の仲裁、④インドネシア国内の仲裁の4種類であるが、日本企業によるインドネシア企業の買収の場合、紛争解決手段としては仲裁が選択されることが多く、仲裁地としては第三国（主にシンガポール）が選択されることが多い。なお、仲裁合意を契約上明確に定めていた場合でも、インド

ネシアの当事者が不法行為や契約無効等を主張してインドネシアの裁判所で裁判を提起したために、結局、インドネシアの裁判所で争わざるを得なくなるケースも存在し、紛争解決手段の合意が万全というわけではないことには留意されたい。

[紛争解決手段として考えられる各選択肢]

(a) インドネシア国外の裁判所

インドネシア法上、外国判決の執行は認められない。例えば、日本の裁判所でインドネシア企業に対して訴訟を提起して勝訴判決を取得しても、当該インドネシア企業の財産がインドネシア国内にしかない場合には、当該判決に基づく強制執行ができないことになる。したがって、この選択肢は採り得ないことが多い。

(b) インドネシア国内の裁判所

インドネシアの裁判手続は、法律の定めも不明確であり、裁判官の裁量に委ねられる部分が多い。加えて、裁判官の汚職の問題もあり、公正な裁判が必ずしも担保されていないという実態から、外国企業にとって利用しにくいものとなっている。

(c) インドネシア国外の仲裁手続

一般的に、インドネシア国外における国際仲裁が、日本企業に好まれる選択肢である。この点、インドネシアは、外国仲裁判断の承認及び執行に関する条約（いわゆるニューヨーク条約）に署名している。ニューヨーク条約は、条約の締約国においては、条約が定める条件を満たせば外国仲裁判断の執行を認めることによって、外国仲裁判断の承認・執行を容易なものとしている。ニューヨーク条約の締約国は156か国（2015年11月時点）存在するが、そのうち特にシンガポールは、地理的な優位性、仲裁のための施設等のハード面の優位性に加えて、一定の要件のもと手続の簡素化（簡易手続）、緊急保全措置（緊急仲裁）が定められる等、制度面でも当事者の使いやすさに配慮されており、使用実績も豊富に蓄積されていること等の理由から、仲裁地として選択されることが多く、その場合の仲裁機関は

通常シンガポール国際仲裁センター（SIAC）が指定される。
　(d)　インドネシア国内の仲裁手続
　インドネシア国外（シンガポール等）での仲裁手続には相当程度のコストがかかるため、近年では、仲裁に要するコストを低く抑えるために、インドネシア国内の仲裁手続を採用するケースも増加しており、取引規模等によっては一つの選択肢になると思われる。

　③　準拠法の選択
　日本・インドネシアいずれの国際私法においても、基本的に、準拠法は当事者の合意により選択することが可能とされているので、P社としては、株式譲渡契約において、準拠法についても明確に合意しておくべきである。この点、当事者間の公平の観点から、準拠法を両当事者または対象会社の所在地法のいずれでもない第三国法とすることも可能である。もっとも、その場合には、当該準拠法の観点から契約書をレビューするために当該国の弁護士を追加で選定する必要が生じてしまうため、費用等の観点から事実上難しい場合が多く、実務上は、対象会社の所在地法を準拠法とすることが多いように思われる。なお、準拠法にかかわらず、インドネシア会社法の定める株式譲渡に関する諸手続（ column 3-3 参照）については規定しておく必要があることには留意されたい。

■6　本事例における契約上の手当て

(1)　退職金

　本章■4(2)③のとおり、T社インドネシアにおいては、買収に関する従業員への通知の後に退職を申し出た従業員に対して高額な退職金の支払いが法律上必要となる。また、退職を申し出なかった従業員ま

第3章　海外事業を含む子会社の譲渡

たは労働組合から買収を理由として金銭の要求がなされる可能性があり、今後の円滑な労使関係の継続および安定した事業運営のためには実務上一定の支払いを行うことが必要となる可能性がある。Ｐ社としては、これらの従業員への支払いについては、全額Ｓ社の責任とする（または、Ｔ社インドネシアが支払った場合には当該支払額を譲渡価格から控除する等の価格調整条項を設ける）ように求めることが考えられる。

(2)　贈　賄

　Ｐ社によるデューディリジェンスの結果、確証は得られていないものの、Ｔ社インドネシアが、重要な取引先の購買担当者に対して少額のリベートを渡している蓋然性がそれなりに認められそうである。本章 4(2)④のとおり、このようなケースでも、民間贈賄を適用対象に含めるUKBAにおいては処罰対象となり得る。Ｐ社は東京証券取引所一部上場企業であるところ、例えば、買収の局面においてもコンプライアンスリスクを徹底的に排除するという経営方針を貫く場合には、買収に伴う上記リスクをグループ内に取り込むこととなる可能性を理由として本件の買収自体を断念するという対応も考えられる。

　他方で、上記のとおり、特に東南アジア各国において汚職が蔓延しているという実態に照らして、（公務員に対する贈賄ではなく）少額の民間贈賄の可能性が認められる程度の事態で買収を断念するというのでは、東南アジアに拠点を有する事業の買収に際してのスタンスとして厳格に過ぎるという見方もあり得るところである。このような見地から、民間贈賄を含めてUKBAに基づく過去の摘発事例を分析した上で、Ｔ社インドネシアについてはリスクが小さく、本件取引により得られる利益をより重視すべきという判断が可能であれば、Ｐ社としては予定どおり買収を進めるという対応もあり得る。この場合の株式譲渡契約上の手当てとしては、特別補償条項を定めるとともに、通常の補償

条項を対象として設定されている補償期間および補償額の上限の適用対象外とすることをS社側と交渉していくことが考えられる。それに加えて、クロージング後速やかにより詳細な調査を行い、必要なコンプライアンス・プログラムを現地と協働で策定していくことになろう。

(3) ダイベストメント義務

本章■4(2)⑦のとおり、T社インドネシアはダイベストメント義務を履行していない。このような場合、P社がT社インドネシア株式の譲受に関してBKPMに譲渡承認申請を行ったとしても、承認されない可能性が高い。P社としては、そのようなリスクを避けるため、S′社が保有する株式をインドネシア法人またはインドネシア人に一旦譲渡させ、S′社が当該株式を直ちに買い戻した後に、T社インドネシア株式の譲渡を行うことを提案することが考えられる。かかる2段階の譲渡プロセスを経る場合、各段階についてBKPMの事前承認の取得および法務人権省への事後通知等の手続が必要となり、完了までに概ね3～4か月を要することが見込まれるので、取引全体のスケジュールにも影響する可能性がある。もっとも、P社としては、上記リスクを最小化することを優先する場合には、株式譲渡契約締結前からS′社には当該手続を開始してもらった上で、株式譲渡契約上は、当該手続の履践を誓約事項として定めるとともに、手続の完了を取引実行の前提条件として定めることを求めることになろう。

> **事例3-5** 前提条件の不充足（移管手続の未了・MAC）
>
> 　P社とS社の間で交渉が行われ、各国で必要な手続の検討を経て、基本的にはいずれの国においても契約締結後最長6か月程

度で取引の実行が可能であるという見込みのもと、T社およびT社インドネシアの株式の譲渡を含めた本件取引全体のクロージング日は平成29年8月1日に決定した。

　しかし、その後、S社のパソコン売上げのうち、約10%を上げているX国所在のSX社において、従業員との協議が難航し、当初3か月で終わると見込まれていたパソコン販売事業の販売統轄子会社への移管手続に9か月の期間を要することが判明した。これにより、予定されたクロージング日までにSX社の事業の移管を完了することができないことが確実となった。なお、上述のとおり、T社株式譲渡契約上、SX社のパソコン販売事業の移管を含むS社の海外パソコン販売事業の販売統轄子会社への移管がクロージングまでにすべて完了していることが、P社のクロージング実行の前提条件として定められている。

　また、契約締結の1週間後、T社インドネシアの工場が所在する一帯が記録的な豪雨に見舞われ、T社インドネシアの工場が入居している工業団地が浸水するとともに、サプライチェーンも寸断されてしまい、その結果、T社インドネシアの工場は生産停止に陥った。S社によれば、排水、通電、設備再設置等の作業を終えて工場の操業を再開するまでには少なくとも3～4か月程度を要することが見込まれるとのことであった。P社とS社とで試算したところ、この洪水の影響により、T社インドネシアの年間営業利益の減少とともに、特別損失の計上が予想されたが、これらの一時的な影響に加えて、納品が停止している間に顧客の一部が離れることに伴う継続的な業績の悪化も懸念された。P社としては、これを理由として本件取引を中止したいとまでは考えてはいなかったが、S社パソコン事業の譲渡価格については一定の減額を求めたいと考えていた。なお、T社株式譲渡契約においては、

契約締結日から取引実行日までのＴ社インドネシアの財務状況等の変化に応じて買収価格を精算する、いわゆる価格調整条項は含まれていなかったものの、Ｐ社の取引実行の前提条件の一つとして、大要「Ｓ社パソコン事業に重大な悪影響を及ぼす事象が発生していないこと」との規定が置かれていた。また、「重大な悪影響」の意義については、別途置かれた定義規定において、「一般的な市況の変化」、「法令の変更」および「戦争、テロ行為」等の事由は「重大な悪影響」には該当しない除外事由であることが明示的に規定されていた一方で、洪水その他の「天災地変」は除外事由の列挙に含まれてはいなかった。

　Ｐ社の担当者はこれらの問題への対応策について、法律事務所に相談した。

■7　前提条件不充足への対応

(1)　海外事業移管手続の一部未了

　本件のように、世界各国で付随する取引が複数行われる場合、国によっては、本体の取引でクロージングを予定している時期までに法定の手続が完了しない国、新設する予定の受皿会社の立ち上げや拠点の確保が完了しない国、本件のように必要とされる従業員との協議が完了しない国などが生じる可能性がある。かかる事態を避けるためにクロージングまでの間、きちんとスケジュール管理を行うことが必要になるが、事業の移管に必要な手続は当局の裁量や第三者の意向によるところも大きく、当事者がコントロールしきれない部分がある場合が多い。

　本件の場合のように、一部の国における移管手続のみが他国に比べ

て遅延する場合にとり得る対応としては、①すべての国で移管手続が完了する日までクロージング日を遅らせること、②移管手続が遅延している国の移管は未了のままでクロージングを予定どおり行い、手続が遅延している国の移管はクロージング後に行うことが考えられる。

　本件では、S社の立場からすれば、SX社を除けば、基本的にすべての国において予定どおりに移管手続は完了できることから、P社に対して前提条件の一部放棄を求め、予定されたクロージング日にSX社の関連する権利義務の承継を除くすべてのクロージングを行い、P社に対して対価全額の支払いを求めることになるだろう。しかし、P社としてはS社グループ全体のパソコンの売上の約10％を占める重要な子会社であるSX社の移管の可否に不安が残る中で対価の全額を支払うことには不安があると思われ、このような提案は受け入れられない。そこで、SX社を除いて先行してクロージングを行い、先行して行うクロージングの段階では、SX社に該当する部分の対価を除いた対価のみを支払い、残りの対価はSX社の事業の移管完了時に支払うという分割払いの形式とすることも考えられる。SX社の事業の移管が完了するまでの間、X国におけるパソコンの販売については一時的にP社（またはP社に買収されたT社）からSX社に対して委託することが考えられる。

(2)　インドネシアにおける洪水（MAC）

　契約締結後クロージング日までの間に、対象会社に重大な悪影響が及ぶような変化（"Material Adverse Change"を略してMACと呼ぶことが一般的である）が生じた場合または判明した場合、買主としては、取引の前提が崩れてしまうことから、クロージングを行わず取引から離脱すること、またはそのような権利を有することを背景に価格等の条件の再交渉を行うことを希望する場合がある。MACが生じた場合の対

応について契約上どのように整理するかは取引ごとに異なるが、実務上、比較的よく見られる取扱いとしては、契約締結後クロージング日までの間に発生および判明した事象については表明保証の対象外としつつ、MACの不存在を買主の義務の前提条件として（表明保証の正確性とは別の独立した規定として）定めることにより、契約締結後クロージング日までの間にMACが生じた場合には取引を実行しないというオプション（加えて、取引を実行しないというオプションを有することを梃子として、売主に対して条件の再交渉を求めることのできるポジション）を買主に与えるというものがあり、本事例におけるT社株式譲渡契約もそのような整理に拠っている。

　P社としては、洪水による被害を取り込めるような価格調整条項が設けられていれば、クロージング日までに顕在化した部分に限り洪水による影響を、価格調整という最も直接的な形で譲渡価格に反映させることが可能であるが、本事例ではそのような対応ができない。したがって、最終的には譲渡価格の減額交渉に持ち込むことを目的として、今回の洪水がMACに該当し、前提条件不充足のオプションを有することを、S社に対して主張することが考えられる。そして、洪水による影響として予想される金額および本件の取引規模に照らして、かかる主張も可能と思われ、また、「重大な悪影響」についての除外事由にも明確に該当するものはないので、かかるP社の主張も不合理とまではいえないように思われる。S社としても、本来天災地変を想定した条項ではないとの思いはありつつも、MACの該当性を争って仲裁にまで至るよりも、多少の減額であれば受け入れた上で取引を実行した方が得策との判断もあり得るように思われるので、P社の主張が結果的に奏功する可能性もあろう。

第4章

経営統合（国内／合併）

事例 4-1　統合のスキームとスケジュール

　S社は、スマートフォン向けコンテンツの開発を主力事業とする会社である。年間売上高は約 100 億円であるものの、独自の世界観や有名作曲家を起用した BGM が評判の RPG アプリケーションが人気を博し、順調に業績を伸ばしており、5 年前から東京証券取引所マザーズ市場に上場している。S 社の現在の時価総額は約 300 億円である。株主の 9 割以上は国内機関投資家および国内個人投資家である。

　平成 29 年 8 月中旬、S 社の創業者であり代表取締役社長を務める A は、国内向け家庭用ゲーム機用ソフトウェアの開発を主力事業とするその業界では老舗といえる P 社（年間売上高約 250 億円、東京証券取引所市場第一部上場、時価総額約 550 億円、外国株主比率は 8％程度）の社長であり以前から A と懇意にしていた C から、P 社と S 社との経営統合の話を持ちかけられた。C によれば、P 社の主力事業である家庭用ゲーム機向けソフトウェアの市場が今後縮小していくと考えられる一方で、市場の拡大が見込まれるスマートフォン向けコンテンツに関しては、参入はしているもののインパクトのあるコンテンツを開発できておらず、他社の後塵を拝していることに危機感を募らせており、S 社との経営統合によりこの停滞を打破し、スマートフォン向けコンテンツ事業に軸足をシフトしつつ、総合的なコンテンツ提供会社への発展をともに目指したいとのことであった。P 社としては、統合の手法として合併（吸収合併）を考えており、企業規模および社歴も考慮し P 社を存続会社としたいとのことであった。

　A は、C の提案を受けて当初は驚いたものの、S 社としても、P 社との経営統合により、P 社の持つソフトウェア開発に関する

豊富なノウハウ等をスマートフォン向けコンテンツに生かすことが可能となり、この分野でより一層の広がりと成長が見込めると考えたことから、この話に前向きに取り組んでみたいと考えるに至った。

　そこで、Aは、P社との経営統合に向けて、経営企画部長Bをリーダーとするプロジェクトチームを社内に組成するとともに、外部アドバイザーとして証券会社、法律事務所および会計事務所を起用した。また、P社とS社は、経営統合の本格的な検討開始に際して、守秘義務契約を締結した。

　P社との経営統合にあたり、S社としては、競争が激化しているスマートフォン向けコンテンツの市場において優位性を獲得すべく、経営統合によるシナジー効果の早期実現を最重要視しており、それに伴い生じる実務負担についてはある程度甘受してもかまわないと考えていた。他方で、両社の従業員の賃金その他の労働条件に一定の差がある中で、スムーズに経営統合を行うことが可能か、また、両社の規模の違いから、「経営統合」といえどもその実質はP社によるS社の買収であり、統合後にS社がP社に飲み込まれてしまうことにならないか、という点については懸念があった。そこで、Bは、P社との間で初期的な協議を開始するにあたり、法律事務所に対し、これらの意向および懸念を伝えた上で、経営統合のスキームおよびスケジュールについてどのように考えればよいかについて相談した。

第4章　経営統合（国内／合併）

■1　経営統合のスキーム

(1)　「経営統合」の意義

　ひと口に「経営統合」といっても明確な定義があるわけではなく、広義には、株式譲渡（第1章参照）、株式交換や公開買付け・スクイーズアウト（第6章参照）等を用いて一方が他方を傘下に収めるような取引であっても「経営統合」という語が用いられることは珍しくない。もっとも、本書においては、より限定して、本章や第5章で扱う通り、相互に独立した比較的規模の近い複数の企業グループが、組織の点からも実態においても完全に統合し一つの企業グループを形成するような場合を指して、「経営統合」という。以下、このような経営統合を行う場合に一般に用いられる取引スキームについて、選択の際の視点を含めて概説する。

(2)　各スキームの概要

　経営統合にあたっては、どのようなスキームを採用するか次第で、統合後の企業グループの構造（出来上がりのかたち）が全く異なるものとなり、統合後の事業運営にも大きな影響を与えることになる。したがって、スキーム採用の出発点として、経営統合の当事会社が、統合後の企業グループの構造・組織をどう設計したいのかをまず考える必要がある。大きく分けて2つあり、①第一に、当事会社同士を法人格を含め完全に一体化させるパターンがあり、典型的な統合手法として吸収合併が用いられる。②第二に、持株会社体制、すなわち、共同持株会社の下、各当事会社の事業をそれぞれ独立した事業子会社（兄弟会社）としてぶら下げるパターンがあり、典型的な統合手法として共

同株式移転が用いられる。もっとも、②の場合、ⓐ一方の当事会社が既に持株会社体制をとっている場合であれば、他方の当事会社との間で株式交換を用いる手法や、ⓑ一方の当事会社が行っている事業を吸収分割により一括して子会社に移転させ、当該当事会社を純粋持株会社にした上で（抜け殻方式）、他方の当事会社との間で株式交換を併用する手法等、経営統合前の当事会社グループの形態等に応じた複数のバリエーションがある。

[図表 4-1：各スキームの概要]

① 吸収合併
吸収合併[1]とは、合併により消滅する会社（消滅会社）の権利義務の全部を合併後存続する会社（存続会社）に承継させる会社法上の組織再編行為である（会社法 2 条 27 号）。例えば、P 社を存続会社、S 社を消滅会社として吸収合併を行う場合、当該吸収合併の効力発生日に、S 社の権利義務の全部が P 社に承継され、S 社は、清算・解散手続を経ることなく当然に消滅することとなる。吸収合併の対価として、S 社の従来の株主に P 社の株式が交付された場合には、S 社の従来の株主は、吸収合併の効力発生日以降、P 社の株主となる。

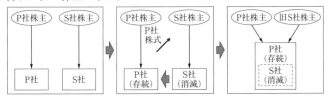

1) 会社法の定める合併の種類として、吸収合併以外にも新設合併が存在する。吸収合併においては既存の会社が存続会社となるのに対して、新設合併の場合には、複数の消滅会社の権利義務の全部を、合併により新たに設立される会社に承継させることになる点で異なる。もっとも、我が国において新設合併はほとんど利用されていない。その主な理由としては、①合併当事会社双方が消滅することになるので、合併当事会社双方が保有していたすべての事業上の許認可について、新設会社で新規取り直しとなる場合が多いこと、②上場会社の場合、合併後の会社の上場維持のためには、新設会社において改めて上場手続を行う必要があること等が考えられる。

② 共同株式移転

共同株式移転とは、複数の株式会社がその発行済株式の全部を新たに設立する株式会社に取得させる会社法上の組織再編行為である（会社法2条32号）。例えば、P社とS社が共同株式移転を行う場合、完全親会社（共同持株会社）となる会社（R社）の設立の登記が行われた日において、R社がP社およびS社の発行済株式の全部を取得し、P社およびS社の完全親会社となる。P社およびS社の従来の株主に対しては、対価としてR社の株式が交付されることが原則であり、その場合、P社およびS社の従来の株主は、共同株式移転の効力発生日以降、R社の株主となる。

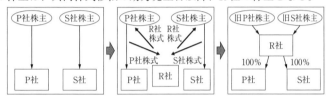

③ 株式交換

株式交換とは、株式会社がその発行済株式の全部を他の株式会社等に取得させる会社法上の組織再編行為である（会社法2条31号）。経営統合を検討している企業グループの一方が既に純粋持株会社を保有しているような場合には、当該純粋持株会社と他方の当事会社との間で株式交換を行うことにより経営統合を行うことが考えられる。例えば、上場会社であるP社は純粋持株会社であり、その完全子会社であるP′社が事業会社である場合には、P社を完全親会社、S社を完全子会社とする株式交換を行うことにより、株式交換の効力発生日付でP社がS社の発行済全株式を取得する。これにより、P社はS社の完全親会社となり、事業会社であるP′社とS社とは兄弟会社となる。株式交換の対価として、S社の従来の株主にP社の株式が交付された場合には、S社の従来の株主は、株式交換の効力発生日以降、P社の株主となる。

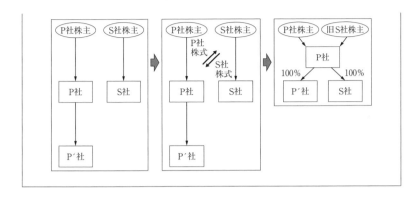

(3) スキームを選択する際の視点

S社にとってはさしあたり、①P社との合併による完全な一体化（図表4-1の①）、または②共同株式移転による共同持株会社体制の組成（図表4-1の②）が考えられるが、上記①および②のいずれの方法を用いるかを検討するに際し、以下の点を考慮した。なお、米国居住株主比率の高い会社同士の統合の場合、米国証券法上の規制がスキーム策定にとって重要な考慮要素となるが（詳しくは第5章■4参照）、ここでは両社の株主のほとんどが国内投資家であるため、割愛している。

① 経営統合によるシナジー効果の実現のスピード

吸収合併の場合、その効力発生日に、存続会社が消滅会社の権利義務のすべてを承継し、文字どおり一体的な事業の運営を行うことになるので、一般に、両当事会社が別個の法人格として存続し続ける共同株式移転に比べてより早期のシナジーの実現を期待できる。S社は、P社との経営統合によるシナジー効果の早期実現を最重要と考えていることから、吸収合併がS社の意向に沿うと考えられる。

② 経営統合が与える対外的な印象

吸収合併の場合、対外的には「規模の大きなＰ社が小さなＳ社を買収した」という印象を与えやすい。もっとも、Ｓ社はＰ社に比べて新興企業であったことなどもあり、消滅会社となることにはそれほど心理的抵抗がない。また、統合新会社の商号にＳ社の商号の一部を使用し、新経営陣の陣容においてＳ社からも相応の人数が送り込めるのであれば、対等の精神での統合であることは十分に印象づけられそうであることから、消滅会社となることは大きな障害とはならないと考えられる。

③ 経営統合に伴う人事制度や情報システムの統一・統合の問題

共同株式移転による場合、Ｐ社・Ｓ社は兄弟会社として存続し続けることになるため、両社の様々な制度や仕組み（典型的なものとして、人事制度や情報システム）を効力発生日から直ちに統一する必要性はそれほど大きくない。他方で、吸収合併の場合には、消滅会社とその従業員との間の雇用契約や消滅会社で使用されていた情報システムが存続会社にそのまま承継されるため、効力発生日以降、存続会社の中に異なる２つの人事制度や情報システムが併存することになる。かかる事態は、経営統合後の新会社の効率的な事業運営のためには望ましくないため、効力発生日前にＰ社・Ｓ社の人事制度や情報システムを統一することができればそれに越したことはないが、これらの短期間での統一には、法律上・事実上の障害が生じることも少なくない。

例えば、人事制度の統一を行う場合、従業員に有利な方向に揃えると会社の負担が増し、統合のメリットがそがれることになる。他方で、従業員に不利益な方向に揃えることは、労働条件の不利益変更を統一的・画一的に行う場合として、労働契約法および判例法理による厳しい制限を受ける。ただ、そのような場合でも、効力発生日以降数年間を移行期間として置いた上で、旧Ｐ社と旧Ｓ社の人事制度をそれぞれ

併存させ、徐々に統合していくことはできそうである。

　もし経営統合に際して人事制度や情報システムの統一を行う場合には、効力発生日前に種々の事務負担（具体的には、Ｓ社内においてこれらの統一に向けた準備を担当する分科会の設置、統一後の人事制度や情報システムの内容についてのＰ社との協議、当該協議を踏まえた統一後の人事制度の設計やシステム開発、統一後の人事制度についての労働組合との協議・従業員への説明等）が生じることとなる。もっとも、Ｓ社としては、これらの作業のためにコスト・リソースを割くことに抵抗はなく、吸収合併により経営統合を行うことの大きな支障とはならなそうである。

④　当事会社が保持する事業上の重要な許認可の有無

　吸収合併による場合、Ｐ社・Ｓ社いずれかの法人格が消滅することになるため、経営統合後の新会社において消滅会社が保持していた事業上の重要な許認可の再取得等の手続が必要になることがある。共同株式移転であれば事業会社2社は持株会社の完全子会社としてそのまま維持されるので、そのような問題はない。もっとも、Ｐ社・Ｓ社のいずれについても事業運営のために取得・保持が必要となる重要な許認可はなく、この点が吸収合併により経営統合を行うことの支障とはならないと思われる。

⑤　経営統合の会計処理・税務上の取扱い

　経営統合の際に用いられるスキームによって、会計処理や税務上の取扱いが大きく異なり得るため、各スキームにおける会計処理や税務上のメリット・デメリットを比較・検討することが必要になり、専門家を交えた確認のステップをとることが重要である。実務上は、特に税務上の取扱いがスキーム選定上の最も重要な考慮要素となることも多い。

以上の観点から検討した結果、S社としても、吸収合併により経営統合を行うことで問題ないとの結論に至ったため、P社の提案どおり、P社を存続会社、S社を消滅会社とする吸収合併により経営統合を行うことが基本方針として合意された。

2　合併のスケジュール

　合併を実行するにあたって会社法上必要となる手続をすべて行うための最短期間は、合併契約締結から合併の効力発生日までの約1か月強となる。しかしながら、上場会社同士の合併の場合、多数の株主を有するため、株主総会を開催するために一定の期間が必要となることに加え、相応の規模の会社同士の合併であるため、実際には、効力発生日を迎える前に様々な実務上、手続上の課題の検討や準備が必要となる。そのため、合併の検討開始から効力発生日までの期間は相当程度長期間にわたるのが通常である。また、上場会社であることに由来する手続等（例えば、振替株式に関する手続や適時開示等）もある。具体的には、以下のようなポイントに留意してスケジュールを立案する必要があろう。

(1) 効力発生日

　一般に、合併のスケジュールを立案するにあたっての出発点は、合併手続の最終目標となる合併の効力発生日の設定となる。上場会社同士の合併の場合、効力発生日については、実務上は会計処理や税務処理の区切りの良さ等から、事業年度の期首（例えば、3月決算の会社であれば4月1日）または中間期首（10月1日）を効力発生日とすることが一般的である。

(2) 株主総会等のスケジュール

特に上場会社においては、機動的にいつでも取締役会や株主総会を開催できるわけではないため、これらの会議体の日程を踏まえたスケジュールの策定が必須となる。本事例では、P社・S社ともに簡易合併[2]や略式合併[3]の要件を満たさず、株主総会において合併契約の承認を得ることが必要であった。もっとも、下記(3)～(5)の手続や作業に要する期間は比較的短期間で済むと考えられたこと、両社の経営陣ともに早期の統合を望んだことから、効力発生日を平成30年4月1日とすべく、定時株主総会を待たずに2月に臨時株主総会を開催して承認決議を得ることとした。

(3) 各種許認可の承継・新規取得等に要する期間

当事会社の事業が規制業種である場合には、監督官庁への事前相談や、許認可の新規取得その他の手続に要する期間も重要な考慮要素となるが、P社・S社のいずれについてもそのような許認可はないので、特段の考慮は不要と考えられる。

また、一般に、特にスケジュールに大きく影響することが多いのは、日本の独占禁止法や海外の競争法に基づく事前届出にかかる手続であ

---

[2] 合併を行うに際しては、原則として株主総会の承認を得なければならないが、存続会社については、一定の要件（ごく簡単にいえば、合併対価の価額が、存続会社の純資産額の5分の1以下であること）を満たす場合であって、合併差損が生じないなどの一定の例外に該当しないときには、株主総会の承認を得ないで合併を行うことが可能であり（会社法796条2項）、そのような合併を簡易合併という。

[3] 合併の一方当事者が他方当事者の株式を直接または間接に90％（定款により90％を超える割合を定めることも可能）以上保有している場合には、当該他方当事者については、株主総会の承認を得ないで合併を行うことが可能であり（会社法784条1項、796条1項）、そのような合併を略式合併という。

る（日本については第3章■2および第5章■2を、海外については第5章■3を参照）。本事例では、最終事業年度におけるP社（存続会社）の国内売上高合計額が200億円を、S社（消滅会社）の国内売上高合計額が50億円を、それぞれ超えているため、合併に関する公正取引委員会への事前届出（独占禁止法15条2項）が必要となる。もっとも、両社の市場シェア等に照らして公正取引委員会の審査が第二次審査まで進む可能性は極めて低く、また、P社・S社ともに海外での売上はごく僅かであり海外の競争当局への事前届出は不要と考えられるので、スケジュールに大きく影響することはないと考えられる。

(4) 合併後の人事制度、情報システム等の統合のための準備期間

合併の場合には、効力発生日当日から統合後の会社において実務の運用を開始する必要があるため、特に時間を要する人事制度や情報システムの統合のための準備にどの程度の期間を要するかを十分に考慮の上で効力発生日を決定する必要がある。本事例では、効力発生日までに人事制度の統合は行わず、社内システムの最低限の接続・統合を行うこととしたが、それらはであれば短期間で可能とのことであったため、これらの作業がスケジュールに大きく影響することはないと考えられる。

(5) その他の実務的な準備に要する期間

顧客、取引先、金融機関といった主要な関係者への説明に要する期間に加え、これら関係者との重要な契約の中に、合併を行うに際しては相手方からの同意を要する旨の規定がある場合には、その折衝等にかかる期間を見込む必要がある。

[図表4-2:想定スケジュール]

日程	予定事項
平成29年9月20日	守秘義務契約の締結
9月21日～10月13日	簡易デューディリジェンス（ビジネス、会計）の実施（両社）
10月17日	基本合意書締結の承認に関する取締役会決議（両社）
	基本合意書の締結
10月18日～12月14日	双方向の詳細なデューディリジェンス（ビジネス、会計・税務、法務）の実施（両社）
12月18日	合併契約・経営統合契約締結の承認に関する取締役会決議（両社）
	合併契約・経営統合契約の締結
12月下旬	公正取引委員会への事前届出（共同）
平成30年2月27日	合併契約の承認に係る臨時株主総会決議（両社）
3月28日	上場廃止（S社）
4月1日	吸収合併の効力発生日

　以上の諸点を勘案し、P社とS社は、概ね以下のスケジュールに従って必要な手続等を進めることとした。

事例4-2　基本合意書

　P社とS社は、3週間程度で、相互にビジネスおよび会計に関する簡易なデューディリジェンスを行うとともに、並行して基本合意書の締結に向けた交渉を行った。その際、Bは、基本合意書に合併比率を記載することをP社に対して求めるべきか否かに

つき、弁護士に相談した。また、S社は、P社との基本合意書の交渉に入る数日前に、当該統合案件とは全く独立した話として、S社の事業の成長に目を付けていたO社（主力事業はウェブ・コンテンツの企画・制作・運営等）からごく初期的な買収提案を受けていた。他方で、P社からは基本合意書に相互の独占交渉義務を盛り込みたいとの希望を受けたので、その対応についても法律事務所に相談した。

3 基本合意書

(1) 本事例における基本合意書締結の意義

　M&A取引において締結される基本合意書の意義・概要については、第1章■4を参照されたい。上場会社間の経営統合の公表前には、リークやインサイダー取引のリスクを回避するためにごく少数の関係者のみで秘密裏に検討が行われるのが通常であるが、基本合意書の締結および取引の公表を行うことにより、社内の各部署の従業員も統合の検討・準備作業に関与できるようになり、詳細なデューディリジェンスも可能となる。特に、合併による経営統合の場合には、多方面からの検討・膨大な準備作業が必要となることが多いので、かかる観点は重要となる。本事例でも、基本合意書締結後速やかに統合準備委員会を設置する旨の簡潔な規定が設けられ、基本合意書締結以降合併の効力発生日までの間、週1回のペースで統合準備委員会が開催されるとともに、ガバナンス、各事業、人事制度、情報システム等に関する分科会も設けられてそれぞれ週2回のペースで実務的な検討が重ねられることとなった。

(2) 合併比率の記載

　本事例では、効力発生日までに統合に必要な実務作業を完了させるためには、平成29年10月中旬の段階で一旦案件を公表し、社内のプロジェクト関与者を大幅に拡充し、準備体制を十分に整える必要があった。この段階ではビジネスおよび会計に関する簡易なデューディリジェンスしか実施できていないので、合併比率決定の前提となる価値評価を行うことは困難である。また、仮にこれを合意したとしても、その後の本格的なデューディリジェンスの結果次第ではその見直しが必要となることも十分に想定される。しかるに、合併比率について基本合意書に記載した場合には、プレスリリースにおいて合併比率を記載せざるを得ず、当該比率を前提に株価が形成されることになるので、余程のことがない限り、公表した後にこれを変更することは事実上困難となる。そこで、S社は、合併比率については基本合意書への記載を求めないこととした。

　なお、P社の時価総額はS社の時価総額の2倍に近い規模であることから、市場からはP社がS社を買収する取引であると見られる可能性が高い。そうすると、基本合意書において合併比率を定めないことにより、公表から合併比率決定までの間、S社の株価に一定のプレミアム期待分が乗るような値動きとなることも想定される。そのこと自体は、その後の比率の交渉において事実上S社が有利に利用できる可能性もあり、S社として比率を合意・公表しないことは必ずしもデメリットではないと考えられる。

(3) 独占交渉条項

　S社としては、基本合意書締結前にO社からも買収提案を受けており、具体的な条件提示を受ける前に何らの検討もなく当該提案を拒絶

することは、S社取締役の善管注意義務（下記 column 4-2 参照）の観点から望ましくないと考えられる。したがって、後にO社、ひいてはO社の買収提案が明るみに出た場合に一般株主から、それぞれ批判を受けるおそれがあることも踏まえ、今後のO社との協議・交渉についても一定の自由度を確保すべく、S社としては独占交渉条項の規定を受け入れないこととした。

> **事例4-3** **デューディリジェンス**
>
> 　P社とS社は、平成29年10月17日付で基本合意書を締結し、同日付で「P社とS社の経営統合に関する基本合意書締結のお知らせ」と題する適時開示を行った。対外的な公表が行われたことにより、本格的なデューディリジェンスに対応する体制を社内で敷くことが可能となったので、両社は、ビジネス、会計・税務、法務に関する詳細なデューディリジェンスをそれぞれの外部アドバイザーに依頼した。

4　デューディリジェンス

　吸収合併や株式移転、株式交換による経営統合に際してデューディリジェンスを行うにあたっては、以下の点に留意する必要がある。

① 　これらの組織再編取引では、事後的な救済が事実上期待できないことに留意して、他の取引形態と比較しても特に慎重にデューディリジェンスを行う必要がある。すなわち、吸収合併の場合、効力発生日以降は法人格が同一となってしまうので、

仮に事後的に問題が起きても補償請求を行う対象自体が存在しないどころか、その悪影響を直接受けることとなる。また、株式移転や株式交換により、対象会社が自らの100％子会社または100％兄弟会社になる場合にも、グループ内での精算となってしまうことから、やはり補償請求には実質的な意味がないことになる。

② 株式譲渡等の場合とは異なり、経営統合の場合には、両当事者間において、双方向でデューディリジェンスが行われることになる。したがって、守秘義務契約（第1章■2参照）においても、株式譲渡等の場合とは異なり、両当事会社が相互に非公開情報の開示者であり受領者でもあるため、守秘義務は相互に同様に適用されることになる。

③ 法務デューディリジェンスに関する一般的な留意点については、第1章■3を参照されたい。上場会社同士の経営統合に際しての法務デューディリジェンスでは、対象となる事業規模が非常に大きいこと、子会社・関連会社数も多いこと、両社とも金融商品取引法上の継続開示義務（有価証券報告書や臨時報告書等の提出義務）や金融商品取引所の適時開示ルールに服していることなどから、ある程度調査範囲を絞り込んだり、重要性基準を設けたり、重点的な調査項目を定めたりするなど、工夫して対応することが多い。

④ 一般に、吸収合併の場合、特に消滅会社が保有していた許認可については、合併に伴い存続会社による新規取得等、一定の手続が必要となる場合も多く、スケジュールに大きく影響することもあるので、留意を要する。なお、本事例ではS社の事業遂行上重要な許認可は存在せず、この点は特に問題とならなかった。

第4章　経営統合（国内／合併）

　本事例では、P社とS社のそれぞれについて、1か月半程度の期間で法務デューディリジェンスが実施された。その結果、取引を中止すべき重大な問題点や、合併比率に影響する程の経済的インパクトを有する潜在債務その他の問題点は発見されなかった。

> **事例4-4　経営統合に関する契約**
>
> 　平成29年11月上旬、デューディリジェンスを進める中で、P社からS社に対して、合併契約書および経営統合契約書のファーストドラフトが提示された。S社プロジェクトチームリーダーのBは、P社との間で契約交渉を進めるにあたり、これらの契約のポイントについて、法律事務所に相談した。

■5　経営統合に際して締結される契約

(1)　吸収合併契約

　会社が吸収合併をするためには、当事会社が吸収合併契約を締結しなければならない（会社法748条後段）。吸収合併契約の内容は、会社法上の事前開示書面（会社法782条1項1号、794条1項）、株主総会の招集通知（会社法298条1項5号、会社法施行規則63条7号リ）、臨時報告書（金融商品取引法24条の5第4項、開示府令19条2項7号の3）による開示の対象となるほか、登記申請書の添付書類となる。

　吸収合併契約については、吸収分割契約（第2章■4参照）と同様、会社法上、必要的記載事項（会社法749条1項各号）が以下のとおり定められている。

① 存続会社および消滅会社の商号および住所（同条1号）
② （存続会社が吸収合併に際して消滅会社の株主に対してその株式または持分に代わる対価を交付するときは、）当該対価の内容等および割当てに関する事項（同条2号・3号）
③ （存続会社が吸収合併に際して消滅会社の新株予約権者に対して当該新株予約権に代わる対価を交付するときは、）当該対価の内容等および割当てに関する事項（同条4号・5号）
④ 効力発生日（同条6号）

また、必要的記載事項に加えて任意的な合意事項を定めることも可能である。実務的にも吸収合併契約においていくつかの任意的記載事項を規定することが通常であるが、このような両当事会社間の任意的な合意事項の相当部分は、法定契約（吸収合併契約）ではなく法定外契約（経営統合契約）で記載されることが実務上は一般的である（法定契約と法定外契約については第2章■4(1)参照）。具体的には、以下の各条項は法定契約において定められることが多い。

・株主総会の開催時期
・資産、負債、権利義務の包括承継
・効力発生日前の剰余金の配当の限度額
・効力発生日まで各々の事業につき重大な変更を行わず、通常の業務の範囲内で営む義務
・重大な悪影響を及ぼす事象が生じた場合の吸収合併契約の解除・変更

他方で、詳細な表明保証、補償、前提条件、統合後の経営体制、経営統合に向けた具体的な準備作業等の条項は、株主等に対する開示に必ずしも適さないため、法定外契約において定めるのが通常である。

本事例でも、任意的記載事項の大半は経営統合契約において定めることを前提に、実務上よく見られる吸収合併契約と同様、A4版で2頁程度の簡潔な内容の吸収合併契約が締結された。

(2) 経営統合契約

経営統合に際しては、前記の吸収合併契約に加えて、経営統合の実行に至るまでの手続等について定めることを主な目的として、「経営統合契約」等の名称の契約を締結することが一般的である。経営統合契約においては、一般的に、以下のような内容を定めた規定が置かれる。このようなもののうち、特に統合後の経営体制に関する規定は、法的な観点からは必ずしも大きな意味を持つものではないが、経営統合の前提となるビジネス上の合意を明らかにするものとして、実務上は重要視される。

① 経営統合の実行に至る過程で複数の取引が行われる場合における各取引の順序や条件等の詳細を定める規定（本事例では吸収合併のみなのでかかる規定は不要）
② 統合準備委員会の設置等、経営統合に向けた準備作業の詳細
③ 統合後の具体的な経営体制（代表取締役の人選や取締役会の構成（両当事会社の出身者の構成比率等））
④ 統合後の経営戦略・事業運営方針
⑤ その他の合意事項（統合後の商号、本店所在地）

S社は、両社の規模に差があることから事実上P社に飲み込まれてしまうことを懸念しており、かかる観点からは、吸収合併の効力発生直後の取締役についてはP社とS社とが可能な限り同数に近い人数を指名できるように交渉する必要があると考えた。もっとも、効力発

生日以降はP社とS社の法人格が同一化することから、契約上の権利として、「P社側の役員」「S社側の役員」という形で人数を指定できるのはあくまでも統合直後の役員についてのみである。

　なお、合併に際して締結される経営統合契約においては、株式譲渡の場合（第1章参照）のような詳細な表明保証条項までは定められず、ごく基本的な内容の表明保証条項に絞って定めることも少なくない。S社としても、デューディリジェンスにおいてP社に重大な問題点が発見されなかったことも踏まえて、詳細な表明保証条項の規定までは求めないという判断も十分にあり得る。

　他方で、取引が実行されなかった場合の表明保証違反や義務違反に基づく補償条項については実効性があることも踏まえると、「重要な点における表明保証違反」または「重大な義務違反」がないことを取引実行の前提条件として定めた上で、一般的な補償条項も定めて、効力発生日前にこれらの事由が発見された場合には、取引を中止し、場合によっては補償請求できるようにしておくことも考えられる。

> **column 4-1**　経営統合契約における表明保証条項に関する考え方
>
> 　吸収合併による経営統合の場合、効力発生日以降は存続会社しか残らないので、当事会社の状況について表明保証を行い、吸収合併の効力発生後に表明保証違反があったことが判明した場合に補償請求権を発生させても、事実上意味がない。
> 　これに対して、契約締結日および合併の効力発生日時点における表明保証の内容が真実かつ正確であることを合併の効力発生の前提条件として定め、効力発生日前に一方当事者の表明保証違反が判明した場合には（合併比率の再交渉も視野に入れて）効力発生日を延期するか、合併自体を中止するという他方当事者のオプションを残すことは可能であるし、実質的にも一定の意味がある。もっとも、効力発生日が到来

すると自動的に吸収合併の効力が発生することになるので（合併の登記は対抗要件にすぎない）、前提条件を充足しているのか否かについて、当事会社間に見解の相違が生じた場合、膠着状態で何らのアクションも取らないでいると、結局合併が実行されてしまうことになる点が通常のM&A取引とは異なる。また、上場会社においては、合併比率が公表されれば、通常はそれを前提に株価が形成される。それにもかかわらず、公表後に合併自体を取りやめるとすると、市場へのインパクトは重大なものとなることが予想され、上場会社としてそのような判断に踏み込まざるを得ないケースというのは余程の事情がある場合であろう。

　このように表明保証条項が本来有する機能を発揮できる場面が限られることから、合併による経営統合の場合に締結される経営統合契約において、詳細な表明保証条項を置くことまではせず、開示情報の正確性や重大な悪影響を及ぼす事象（いわゆるMAC）の不存在に関する限定的な条項を置く程度の取扱いとする事例も見受けられる。

事例4-5　対抗提案

　Ｓ社は、Ｐ社との間で経営統合に向けた検討を進める中で、Ｏ社から買収の具体的な条件提示を受けた。Ｏ社の提示した条件はＰ社同様、株式対価の買収提案（Ｓ社をＯ社の完全子会社とする株式交換）であり、交換比率は一定の幅をもって提示され、今後Ｓ社のデューディリジェンスを行いその結果に満足することが提案の条件とされた法的拘束力のないものであった。Ａは、Ｏ社の有力な事業（キュレーション・サイト運営）が法令遵守の観点から疑義のある領域のものであること、仮に法的に問題のない形で運営されていたとしてもこれを嫌って、また社風の違いから、有為な人材が流出するリスクがあること、Ｏ社の傘下に入ったと

> しても直ちには具体的なシナジーは見込めないことなどから、S社役員数名とも相談の上、O社の提案を拒絶することを基本方針とした。そこで、かかる方針に従い意思決定を行った場合に、S社取締役の善管注意義務違反に基づく責任が問われることはないかという点に関して、法律事務所に意見を求めた。

6 対抗提案の取扱い

(1) 問題点

　本事例のように、ある企業が他社との経営統合や他社による買収に応じることを決定する場合、これと両立しない経営統合や買収に関する提案にどのように対応するかについては、慎重な検討と判断が必要となる。場合によっては、その選択の是非について経営責任を問われるおそれがあることに加え、取締役の善管注意義務違反の観点から法的責任を追及される可能性も否定はできないためである。

---

column 4-2　経営判断の原則

　取締役は、会社に対し、その任務を怠ったこと（任務懈怠）により生じた損害を賠償する責任を負い（会社法423条1項）、また、任務懈怠につき悪意・重過失があった場合、第三者に対し、当該任務懈怠より生じた損害を賠償する責任を負う（同法429条1項）。そして、任務懈怠とは、具体的な法令違反および会社に対する善管注意義務・忠実義務（同法330条、民法644条、会社法355条)[4]の違反をいうものと考えら

---

[4]　忠実義務は、判例上、善管注意義務とは別個のより高度な義務を課したものではない（最大判昭和45年6月24日民集24巻6号625頁）とされている。

れている。

　会社の経営は、専門的判断を要する一方で、一定のリスクを伴うのが通常である。しかるに、業務執行に関する取締役の経営判断を事後的に評価し、当該経営判断によって会社が被った損害についての責任追及を認めるとすると、取締役の経営判断を萎縮させることになりかねない。このような考え方に基づき、多くの裁判例では、業務執行に係る判断については取締役に広い裁量を認め、当該判断の内容が著しく不合理でない限り、善管注意義務違反にならないという枠組みを採用する[5]（いわゆる経営判断の原則）。裁判例によって経営判断の原則の表現は若干異なるが、一般的には、取締役の経営判断の当時の状況に照らし、当該会社の属する業界における通常の経営者の有すべき知見および経験を基準として、当該判断の前提となった事実の認識（具体的には、必要な情報の収集とその分析・検討）に不注意な誤りがなかったか、その事実認識に基づく意思決定の過程およびその内容が著しく不合理でなかったかを審査し、そのような誤りや不合理がない限り、取締役の判断が善管注意義務に違反するものではないと考えられている。

(2) 経営統合に際しての取締役の判断

　近年の裁判例においては、M＆A取引の対象会社の取締役が株主利益に配慮する義務を負うことを明確に判示したもの[6]も登場しているものの、経営統合の実施に係る取締役の責任については、基本的な枠組みとしては経営判断の原則が適用され、取締役の幅広い裁量が認め

---

[5]　かかる枠組みを採用した近時の最高裁判例としては、最判平成22年7月15日判時2091号90頁がある。

[6]　東京高判平成25年4月17日判時2190号96頁は、公開買付けと全部取得条項付種類株式の取得により行われたMBOについて役員の第三者責任（会社法429条1項）が問われた事案（レックス事件）において、MBO取引の対象会社の取締役には、企業価値を適正に反映した買取価格による株主間の公正な企業価値の移転を図る義務があると判示した。

られるものと考えられる。したがって、通常この種の取引を検討するに際しとられるような慎重なプロセスを経て審議された上で、取締役がその経営統合について判断したのであれば、取締役の善管注意義務違反が結論として認められるケースは例外的な場合に限られると考えられる。

　S社の取締役としては、まずはO社の具体的な提案内容を聞き、条件について正しく理解し、必要に応じ協議を行うべきである。その上で、P社との経営統合の条件と、O社による提案の内容を比較し、P社との合併の場合に株主が受け取る対価がO社提案のそれに比べ劣っているとはいえず、また、P社と経営統合した方が中長期的にみてS社の企業価値をより増大させることが見込まれるのであれば、P社との経営統合を選択するとの経営判断が「著しく不合理」なものと事後的に評価される可能性はまずない。かかる判断にあたっては、専門家からの意見書の取得等を通じて必要な情報の収集とその分析・検討を行うことにより、判断の前提となる事実を適切に認識することも重要である。本件においては、O社の提案が、デューディリジェンスを条件とした初期的なものであること、そもそもO社の事業内容に法務の観点から疑義があるなど統合によりS社の企業価値を毀損するおそれもあることなどから、O社提案を拒否するとの経営判断に不合理な点はないと考えられる。

　以上のような理由から、S社はO社に対し、その提案を丁重に謝絶した。O社はこれを受け、勝ち目がないと判断したためか、さらに話し合いを継続しようとはせず、その提案を撤回した。

　なお、このような対抗提案を受けた場合、その内容の具体性、条件の合理性、確度の高さ等によっては、提案受領の事実自体を公表し、S社の株主に対し、どのような理由で一方の提案を選び、他方の提案を選ばないのかについて説明を尽くす必要が出てくることには留意を要する。

> **事例4-6　株主総会と委任状勧誘**
>
> 　平成29年12月中旬、S社はP社と合併契約・経営統合契約を締結し、その事実の公表を行った。もっとも、S社の株式を10％程度保有していたD（S社の創業者Aの弟）は、公表された合併比率に不満を抱き、S社に対して、P社との経営統合に関する株主総会の議案に反対する旨の意見を表明し、一般株主に対する委任状勧誘に乗り出す方針を固めた。Bは、S社の株主総会においてP社との経営統合に関する議案が否決されてしまうことを危惧し、対応策を法律事務所に相談した結果、S社も、株主に対して委任状勧誘を行うこととなった（なお、S社においては、書面投票制度が採用されていたものの、修正動議および議事進行に関する動議に柔軟に対応できるよう、委任状の勧誘を重点的に行うこととした）。そこで、Bは、S社が株主総会に向けて行うべき事項や留意すべき点について法律事務所に相談した。

■7　委任状勧誘に関する対応

　Dのように、会社提案の議案に対して反対する株主が、当該議案に対する反対票を集める目的で、他の株主に対して委任状の勧誘を行うことがある。かかる反対株主による委任状の勧誘に対抗して、会社も当該議案に賛成する株主からの委任状の勧誘を行う場合には、様々な方法を用いてより多くの委任状を集めるよう努めることは当然であるが、同時に、株主総会に紛議が生じることを回避するという観点も実務上は重要になる[7]。

(1) 株主総会前の対処方針

Dが委任状勧誘を行おうとする場合、事前に株主名簿閲覧謄写請求（会社法125条2項）を行うことになると思われる。これに対し、S社としては拒絶事由（同条3項各号）の存否を検討することになろう。

委任状勧誘の方法は、プレスリリースの公表、株主に対する説明会の開催、インターネット上に設置したWebサイトでの説明等、多岐にわたるため、各会社の株主構成に合わせて効果的な委任状勧誘の方法を選択することが重要となる。個人株主が株主の多くを占める会社にあっては、株主に対する会社提案に関する説明資料の送付や、電話による委任状の勧誘を行うことが効果的な場合もあるであろうし、また、機関投資家は、議決権行使助言会社の議決権行使に関する意見に影響されることが多いため、機関投資家が株主の多くを占める会社にあっては、議決権行使助言会社に対して会社提案の議案を説明し、会社提案の議案に賛同してもらうことが重要となろう。なお、上記のような委任状勧誘の戦略の策定については、委任状勧誘に長けたIRのコンサルティング会社等のアドバイザーを起用することが一般的に行われているため、S社においても、そのようなアドバイザーを起用することが考えられる。[7]

(2) 株主総会の運営における対処方針

会社・反対株主それぞれが委任状勧誘を行う場合には、議決権行使書面および委任状の取扱いといった事項に関し、会社および反対株主の間で意見が対立し、株主総会の運営に支障を来すことがあり、ひい

---

[7] なお、委任状勧誘を行うにあたっては、金融商品取引法194条、同法施行令36条の2以下および上場株式の議決権の代理行使の勧誘に関する内閣府令に規定される委任状勧誘規制を遵守する必要がある。

ては株主総会の決議の効力に争いが生じることもある。かかる事態を回避するため、S社は、株主総会までに総会検査役の選任を裁判所に申し立て、その選任を受けた上で、当該検査役およびDと事前に打ち合わせを行い、得票の集計方法や採決方法等に関するルールを取り決めておくべきであろう。

また、Dが集めた委任状については総会当日までにS社に提出されその有効性が確認されることになるが、事後の紛争を防止するため、S社とD側の担当者およびその代理人、ならびに総会検査役の立会いの下でかかる確認がなされるべきである。加えて、委任状の提出のタイミングは当日だけでなく、遅くとも総会前日までに一度は設定しておくことが望ましい。

事例4-7　反対株主の株式買取請求

　Dとの委任状争奪戦の結果、平成30年2月に行われたS社臨時株主総会では、P社との経営統合に関する議案は可決された。その後、S社が株式買取請求に係る公告を行ったところ、P社との経営統合に反対していたDやその他の株主から、株式買取請求権の行使の意思表示がなされた。Bは、今後買取価格はどのように決まっていくのか、特に各株主から株式を買い取る際の価格は同一でなければならないのかという点について法律事務所に相談した。なお、各株主からの株式買取請求権の行使については、適法に行われていた。

■8　反対株主の株式買取請求への対応

　吸収合併に反対する株主が適法な株式買取請求権の行使を行った場合、会社には、買取請求の対象となった株式を「公正な価格」で買い取るべき義務が発生する。その際の買取価格については、まずは、会社と株主間で協議が行われ、かかる協議が整ったときは、会社は、効力発生日から60日以内に買取価格の支払いを行うことになる（会社法786条1項）。買取価格に関する協議が効力発生日から30日以内に調わなかった場合には、そこから30日以内に、いずれの当事者も裁判所に価格決定の申立てを行うことができる（同条2項）。

　「公正な価格」を巡る裁判例には多くの蓄積があるが、裁判例によれば、本件のように合併により一定のシナジーが見込まれる組織再編のケースでは、取引公表後のS社の株式の市場株価は、合併によるシナジーも織り込んだ価格として形成されているはずであるから、買取請求権が行使された日の市場株価が基準となるものであり、当該基準日における市場株価または（当該取引以外の要因による株価変動の影響を排除するため）これに近接する一定期間の市場株価の平均値を用いることも裁判所の合理的な裁量の中で可能である、とされている。

　協議が調わずに裁判手続に進んだ場合には、上記のような裁判例の考え方に従って価格が決定されることを念頭に置き、買取価格の協議においてどのような価格であれば反対株主と合意できそうか、また会社として合理的に説明がつくかを考えながら、買取価格の協議に臨む必要がある。

　S社のように複数の株主から買取請求がなされた場合には、最終的に株主ごとに異なる価格で合意することの可否についても問題となる。会社と株主との買取価格の協議・合意は個別に行われるものとされており、個別の合意に基づく格別の取扱いを許容する制度であると考え

られることや、上記のとおり「公正な価格」について一定の金額の幅があり得ることから、基本的には株主平等原則（会社法109条1項）に反するものではないと考えられる。もっとも、協議妥結へ向けての一定の自由度は確保しつつも、価格提示の時点では株主平等原則に配慮することが望ましく、株主ごとの個別事情を考慮せずに一律の取扱いをすることによる会社側の効率性のメリットもあることから、S社は、株式買取請求権を行使した各株主との個別の協議において、いずれの株主に対しても同一の買取価格を提示することが考えられる。

　なお、S社が個別の株主と交渉を行うにあたっては、まずはS社から受け入れ可能な提示価格を上回る買取価格で合意する意思はない旨を明確にすべきである。その上で、株主の出方を確認し、仮にS社の提示価格が株主の提示価格と大きな乖離がない場合には、裁判所の価格決定に持ち込まれた場合の労力や費用、裁判所によって不利な判断がされるリスク等の諸事情を考慮の上、一定の譲歩をすることも許容されると考える。他方で、株主との間で価格に関する主張の乖離が大きい場合には、無駄に協議を重ねるよりは、裁判所の判断に委ねるという判断もあり得ると思われる。

第 5 章

経営統合(グローバル／共同持株会社化)

第5章　経営統合（グローバル／共同持株会社化）

事例5-1　**統合のスキームとスケジュール**

　P社は、連結売上高が約1兆3,000億円（国内粗鋼生産量3位）に達する鉄鋼メーカーであり、特殊鋼であるステンレスの製造も行っている。他方、S社は、ステンレス専門の鉄鋼メーカーであり、連結売上高は約6,000億円（国内粗鋼生産量5位）である。P社とS社は、いずれも東京証券取引所市場第一部に上場しており、P社の時価総額は約9,500億円、S社の時価総額は約4,300億円である。また、両社ともに海外子会社を含めて関係会社数十社を有している。

　P社は、ステンレス製造事業におけるコスト競争力の強化を実現するため、数年前からS社に対してステンレスの製造委託を行う関係にあった。しかしながら、ステンレスの原材料の高騰、アジア各国のステンレスメーカーが生産能力を増強してきたことによる需要と供給の不均衡、国内市場の低迷と輸入鋼材の流入の増大等を受けて、ステンレス製造事業を取り巻く環境は厳しいものとなる一方であった。

　P社社長Aは、このような経営環境の変化に対応するため、P社とS社の経営資源を結集させ、ステンレス製造事業の総合力を高めることを目的として、平成29年3月上旬、S社に対して経営統合を持ちかけた。S社社長Bとしても、厳しい経営環境に耐えるための抜本的な対応策の必要性を常々感じていたため、両社合算すると国内粗鋼生産量2位となるP社との統合話には魅力を感じたが、他方で、伝統ある鉄鋼メーカーとして、吸収合併において消滅会社となることや、P社の子会社となることには少なからず心理的な抵抗があった。そこで、将来的には合併等による完全な統合を行うことも見据えつつ、まずは共同株式移転に

より共同持株会社を設立し、P社とS社とがその完全子会社となる形態での経営統合に向けて検討を開始すること、平成30年6月の定時株主総会での承認を目指すことで、AとBの意見は一致した。Aは、経営企画部長Cをリーダーとするプロジェクトチームを社内に組成し、S社の調査やS社との交渉にあたらせることにした。さらに、P社は、経営統合に取り組むにあたり、ファイナンシャル・アドバイザーに加えて、法律事務所と税務・会計事務所を起用した。

　まず、Aは、経営統合のスキームとして共同株式移転を採用することの法的問題点について念のため確認するとともに、スケジュール、デューディリジェンスの実施、その他経営統合を進めるにあたっての留意点について、法律事務所に相談した。スキームの策定にあたり、Aとしては、多額のキャッシュアウトを伴うスキームは避けたいと考えていた。また、①両社ともに日本におけるステンレス製造事業の市場シェアが高いことから、公正取引委員会の審査に、ある程度時間がかかる可能性があること、②両社ともに海外売上高が非常に高いことから、海外競争当局への届出が必要となることが予測されたこと、③両社ともにSEC登録会社ではないが米国居住株主が10%を超える可能性があり、米国証券法上の開示手続が必要となり得ると思われたことから、これらの点について早急に検討を開始するよう法律事務所に依頼した。

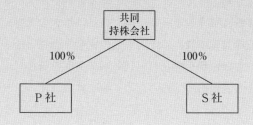

第5章 経営統合（グローバル／共同持株会社化）

■1　共同株式移転のスキームとスケジュール

　上場会社間の経営統合の手法には大きく分けて2つのパターンがあること、そのうちの一つが当事会社同士を完全に統合し、法人格まで一体化する手法である合併であり、もう一つが各当事会社の事業を独立させたまま、共同持株会社の下に事業子会社としてぶら下げる共同持株会社体制であること、および、いずれのスキームを選択するかに関する検討の視点については、第4章■1(3)で述べた。本章では、上記2つのパターンのうち、共同持株会社体制を、共同株式移転という手法を用いて組成する取引について述べる。

　上場会社間の共同株式移転（**図表4-1の②参照**）の場合、会社法その他の法令等に基づき必要となる手続の流れ、基本合意書や経営統合に関する契約の要点、デューディリジェンスに際しての留意点などは、基本的には上場会社間の合併（第4章参照）と同様である。合併と異なり、統合後もP社とS社が独立した法人として存続することとなる共同株式移転においては、両社間で締結する経営統合に関する契約も、効力発生日以降直ちに意味を失うものではないが、共同持株会社の完全なコントロール下に置かれた後は、P社およびS社の取締役会の構成を変えることなどにより、経営統合に関する契約を合意解約することも困難ではないことから、経営統合に関する契約が実質的に意味を持つのはやはり効力発生日までの間であるといえる。

　共同株式移転に関する手続について合併の場合と大きく異なる点として、共同持株会社の設立に伴い同社の完全子会社となる両当事会社の株式については上場を廃止し、代わって共同持株会社の株式を上場することとなる点がある。このため、新たに設立する持株会社の上場の審査に向けた準備を進める必要があり[1]、この点を考慮してスケジュールを策定する必要がある。また、上場会社同士の経営統合にお

いて共同株式移転を用いる場合には、合併の場合とは異なり、「特定組織再編成発行手続」(金融商品取引法2条の2第4項)として有価証券届出書の提出が必要となることが多い。有価証券届出書の提出が義務づけられる場合には、完全子会社による事前開示書面の備置き(会社法803条1項)までに届出がなされる必要があるところ、有価証券届出書の作成には実務上一定の期間を要するので、スケジュール策定にあたってはこの点にも留意を要する。

さらに、本事例のように、経営統合を行う当事会社の日本における市場シェアの合算値が高い場合や、当事会社がグローバルに事業を展開している場合、または、当事会社に米国居住株主が存在する場合には、特に、公正取引委員会への届出、海外競争当局への届出や米国証券法上の開示手続(F-4ファイリング)にかかる期間をも考慮して、スケジュールを策定する必要がある。

2　独占禁止法上の届出

本事例では、最終事業年度における共同株式移転の当事会社の一方の国内売上高合計額が200億円を、他方の国内売上高合計額が50億円をそれぞれ超えることは確実と思われるので、共同株式移転に関する公正取引委員会への事前届出(独占禁止法15条の3第2項)が必要となる(事前届出制度と届出前相談の概要については、第3章■2参照)。

さらに、P社は国内粗鋼生産量3位、S社は同5位、合算すると同2位となり、近年の製鉄業界の寡占化傾向も踏まえると、両当事会社の日本における市場シェアの合算値は相当程度高いといえ、また、商品別に見た場合には、特定の商品市場における両当事会社の合算シェア

---

1)　テクニカル上場の要件を満たす場合には、新規上場の場合とは異なり、流動性基準への適合状況を中心とした確認を行う簡易な手続によって上場が認められる。

はさらに高いものとなる可能性が高い。このような場合には、公正取引委員会の企業結合審査が重く、長期化する可能性も否定できないので、案件の初期段階において、届出の要否の検討に加えて、実質的な競争制限効果の有無（「一定の取引分野における競争を実質的に制限することとなる」か否か）についての初期的な検討も必須となる。かかる検討は、企業結合審査のスケジュールへの影響の度合いを測るという意味合いに加えて、そもそもその案件を進めるかどうかという初期的な見極めのためにも必須といえる。これは、企業結合審査の結果として何らかの問題解消措置を避けられないと思われる事業または商品があり、当該事業または商品が統合の成否を決するほどに重要なものであるような場合には、そもそも統合を行わないという判断も十分にあり得るためである。

実質的な競争制限効果の検討にあたっては、大きく、①一定の取引分野（市場）の商品範囲・地理的範囲の画定、②当該市場における競争を実質的に制限する効果の有無、の2段階に分けて考える必要がある。

(1) 一定の取引分野（市場）の画定

市場の商品範囲・地理的範囲をどのように画定するかによって、当事会社のシェアや競争者の範囲が大きく異なるので、市場画定は企業結合審査の出発点であるとともに実務上の重要性は非常に高い。基本的には、市場を広く捉えて当事会社の市場シェアが小さくなる方が当事会社にとっては有利となることが多いが、逆の場合もあり、個別の事実関係を踏まえた具体的な検討が必要となる[2]。市場画定の際に最も重要な観点は、「需要者にとっての代替性」であるが、「供給者にとっての代替性」の観点も必要に応じて考慮される。

---

[2] 例えば、市場を狭く捉えることによって、両社はそもそも競合しないという主張が可能となる場合もある。

本事例においても、両当事会社に共通する「ステンレス」製品について、用途（需要者にとっての代替性）や製造方法（供給者にとっての代替性）等の観点から、厚板、薄板、形鋼、棒線等と製品市場を細かく見ていくことが考えられる。また、地理的範囲に関しては、基本は「国内市場」であるが、製品によってはより広く「世界市場」や「東アジア市場」等と捉えるべき場合もある。当事会社としては、例えば、国内ユーザーによる海外メーカーの製品の採用傾向、国内外での価格差、販売取引の実態等を踏まえて、公正取引委員会に対する主張内容を検討すべきことになる。社内外で収集したデータを元に、具体的な事実に即して、市場画定に関する説得的な議論を展開していくことが重要である。なお、商品範囲や地理的範囲について、画定される市場は一つとは限らず、複数の市場が重ねて成立することがあるので注意を要する。

(2) 市場における競争の実質的制限の有無

公正取引委員会が公表している「企業結合審査に関する独占禁止法の運用指針」（いわゆる「企業結合ガイドライン」）においては、競争の実質的制限の判断要素として、当事会社グループの地位および競争者の状況、輸入圧力、新規参入圧力、隣接市場からの競争圧力、需要者からの競争圧力等が挙げられている[3]。本事例においても、各製品別に当事会社の営業担当者に対してヒアリングを行うなどして市場の状況に関する分析を十分に行った上で、上記のうちどの要素が当該製品に

---

[3] 「企業結合審査に関する独占禁止法の運用指針」は、水平型企業結合と垂直型・混合型企業結合のそれぞれについて、単独行動と協調的行動に分けることにより、計4通りについて、問題となっている取引が競争を実質的に制限することとなるかについての判断要素を挙げており、各場合において、判断要素や判断の観点が若干異なる点には留意されたい。

ついて当てはまるかを検討し、事実に基づいて公正取引委員会に対して説得的に競争の実質的制限がないことを論証することが重要となろう。

■3　海外競争当局への届出

　経営統合の当事会社がグローバルな事業活動を行っている場合には、海外の競争法で定められた届出要件に該当することにより、海外の競争当局に対する事前の届出義務が生じることがある。各国の競争法が定める届出基準は区々であるが、いずれの国の競争当局に対する事前届出が必要となるかは、経営統合のスケジュールに大きく影響し得るので、一定の売上高や資産のある国については、現地弁護士を交えて早期に届出基準を確認する必要がある[4]。また、当事会社の国別の正確な売上高や資産の確認には時間を要することも多いので、届出基準の確認と並行して、早期に当事会社に依頼してこれらの情報の収集を開始する必要がある。また、経営統合のスケジュールとの関係では、一般的には、①届出が可能または必要とされる時期、②禁止期間の長さ[5]および③届出したことが競争当局によって公表されるか否かやそのタイミングが大きく影響する。また、単に形式的に届出義務があるというだけでなく、実質的に競争法上の懸念が生じ得るような案件については、④事前相談または届出書のドラフトチェックを通じた海外競争当局との事前折衝の可否、それに要する期間、⑤届出後に見込まれる審査期間などもスケジュール策定に大きく影響する。詳細なスケジュールの立案にあたっては、これらの要素についても現地カウンセ

---

[4]　当事会社（グループ）の当該国における売上高や資産額が基準とされている国が多いが、世界売上高を基準とする等、一般的な傾向から外れる国も一定数存在する。

[5]　日本と比較して手続の完了時期を予測することが困難な国や、競争法上特に問題がないと思われる取引でもクリアランスまでに長期間を要する国もあるため、注意が必要である。

ルを交えて検討する必要がある。

　本事例においても、海外競争当局への届出の要否について検討したところ、日本を含めて合計10か国の競争当局への届出が必要であることが判明したが、10か国への届出の作業を一度に進めることは、情報収集等の作業に当たる当事会社の担当者の負担が過大となることやこれをサポートする法律事務所の業務の効率性の観点から現実的でない場合も多い。このような場合には、例えば、一般的に審査に長期間を要する国（中国等）や、当該国の競争当局の判断が他の国の競争当局に与える影響が比較的大きいと思われる国（米国やEU等）から優先的に届出作業を進め、優先順位が相対的に低いと思われる国については後回しにする、という実務対応も考えられる。特に、中国の競争当局への届出については、届出の時点で法的拘束力のある契約書が締結されている必要があることに加えて、実際の審査期間も長引きがちであることから、スケジュールへの影響は極めて大きいことに留意を要する。

　海外の競争法ファイリングに関する具体的な作業は、概ね以下のような手順で進めることになる。

[図表5-1：海外の競争法ファイリング作業]

項目	詳細・留意点
現地カウンセルの選定	・現地カウンセル候補のリストアップ・連絡
	・全当事会社での共同起用・各社での個別起用の判断
届出準備	・グローバルな共通ストーリーの検討・作成・各国カウンセルへの展開
	・届出スケジュールの策定
	・届出国ごとの商品別競争状況等の確認

	・届出書に記載を要する情報の収集・添付書類の確保	
	・届出書の作成	
	・届出書添付書類や委任状の準備（取引関係契約の翻訳を含む）	
届出前相談等	・届出国ごとに届出前相談等の制度の利用が「必須」「した方がよい」「しない方がよい」のいずれに当たるかを判断	
	・届出前相談等を行う場合には届出書とは別途の当局用説明資料の作成の要否を検討	
届出		
届出後の質問・追加資料請求への対応	・正式届出後に当局から質問や追加資料請求がある国が多い。	
	・質問・追加資料請求に答えるまで審査期間の進行が止まる国もある。	

■ 4　米国証券法上の開示手続（F-4ファイリング）

　当事会社に米国居住株主が一定数存在する場合には、米国証券法上の開示手続が必要となる可能性がある。すなわち、1933年米国証券法上、日本の上場会社が合併、株式移転、株式交換等の「証券の交換を伴う合併等の取引」を行うにあたり、当該上場会社に米国居住株主が存在する場合には、当該上場会社は、一定の適用除外事由（適用除外事由のうち最も重要なものは、米国居住株主比率が10％を超えないこと、いわゆる「10％ルール」である（ column 5-2 参照））に該当しない限り、Form F-4[6]という様式による届出を行い、当該行為に際して発行する

---

6) Form F-4の様式はSECのウェブサイト（https://www.sec.gov/about/forms/formf-4.pdf）から入手可能である。

4 米国証券法上の開示手続（F-4 ファイリング）

証券を米国の証券取引委員会（SEC）に登録（いわゆる F-4 ファイリング）する義務を負う。F-4 ファイリングに伴い生じる実務負担は、一般的な日本企業にとって非常に重いものであるから、F-4 ファイリングの義務は、組織再編取引の実行にあたっての大きな障害となり得る。

> **column 5-1** F-4 ファイリングに伴う当事会社の実務負担
>
> 　Form F-4 には、株式移転の当事会社に関する財務諸表を含む会社情報および株式移転に関する情報を記載することになる。特に、財務諸表は IFRS または米国の会計基準に基づいて作成する必要があり、その作成には相当の期間と費用がかかる。したがって、当事会社が SEC 登録会社でない場合、Form F-4 に記載する情報の収集および作成には数か月以上、場合によっては 1 年程度の期間がかかることも珍しくなく[7]、米国の公認会計士・弁護士の助言を一定期間にわたり継続して受けることが必要となるため費用も高額になることが多い。さらに、一度 Form F-4 を登録すると、当該上場会社は SEC 登録会社となり、登録を廃止するまでサーベンス・オクスリー法（SOX 法）その他米国の厳格な法律の適用対象となることに加えて、1934 年米国証券取引所法上の継続開示義務が生じる[8]。

---

[7] これにより、日本の上場会社同士の経営統合のスケジュールが大幅に遅れる事態が発生している。例えば、新日本石油と新日鉱ホールディングスは、Form F-4 対応のため共同持株会社の設立を半年延期した。

[8] 組織再編取引に伴う SEC 登録を実際に行った日本企業では、Form F-4 の登録届出書の効力発生後可能な限り速やかに SEC 登録を廃止するよう検討する例があるようである。実際、適切に計画することにより、登録後 1 年強で SEC 登録を廃止することが一般に可能である。

> **column 5-2** F-4ファイリングの代表的な適用除外事由
> ──10％ルール
>
> 　Form F-4 の届出義務に関しては、いくつかの適用除外事由が定められているが、日本の上場会社が利用可能なほぼ唯一の適用除外規定は、1933 年米国証券法に基づき定められた Rule 802 であると考えられる。Rule 802 の最も重要な要件は、「一定の基準日において米国居住株主が対象会社の発行済株式（ただし、一定のものを控除する）の 10％超を保有していないこと」であることから、通常「10％ルール」と呼ばれる。10％ルールの計算は、基本的には株主名簿の記載に基づき行われることになるが、例えば株主名簿上の保有者が証券会社等である場合には、当該証券会社等が米国内に居住する顧客のために保有する株式数について照会しなければならないとされている等、実際の計算にあたっては細かな留意点がある。Form F-4 の届出義務の要否は、スケジュールに与える影響が大きいので、10％ルールの要件を満たしているか否かについては、早期に米国弁護士に相談することが望ましい。
> 　10％ルールの要件を満たす場合には、Form F-4 の届出は不要となるが、その代わりに、SEC に対して Form CB および Form F-X の提出義務を負うことには留意が必要である。

　P 社・S 社がそれぞれ調査機関に依頼して米国実質株主による保有割合を確認し、米国居住株主比率を算定したところ、P 社は約 15％、S 社は約 12％で、統合後の合算ベース（すなわち新設される持株会社における米国居住株主比率）では約 14％となり、適用除外事由の「10％ルール」を満たさないと考えられることから、共同株式移転スキームによる場合には F-4 ファイリングが必要となることが判明した。両社はいずれも SEC 登録会社ではないことから、F-4 ファイリングに伴う実務負担は非常に重く感じられ、また、F-4 ファイリングの準備作業に長期間を要することによる統合スケジュールの遅れも懸念される。そ

こで、F-4ファイリング義務を回避できるようなスキームの検討を行うこととした。

(1) 金銭対価の取引

　一般に、F-4ファイリング義務を回避するためのスキームとしてまず検討されることが多いのは、金銭対価の組織再編取引や公開買付け[9]などである。もっとも、共同株式移転の場合には当然のことながら現金を対価とすることはできず、他方で、金銭対価の合併や株式交換、公開買付けによる場合には、取引後にP社とS社とが共同持株会社の完全子会社とはならないので、統合後のグループ構造を当初の想定どおりとするためには、さらに何らかの取引を組み合わせて行う必要が生じる。加えて、本事例のP社とS社の規模に鑑みて、金銭対価の取引による場合には、P社に多額のキャッシュアウトが生じるところ、P社社長Aは多額のキャッシュアウトは避けたいと考えている。

(2) 会社分割と株式交換を組み合わせたスキーム

　取引後にP社とS社とが共同持株会社の完全子会社となる形態を重視する場合には、例えば、①P社が完全親会社、S社が完全子会社となる株式交換を行った後に、②P社の全事業をP社の完全子会社（S社とは別の会社）に対して会社分割により承継させる、という2段階のスキームの採用も検討に値する。

　もっとも、S社の米国居住株主比率が約12％であることから、1段階目の株式交換について「10％ルール」を満たさず、F-4ファイリングを回避するためには株式交換の対価を現金とする必要があるが、P

---

9) もっとも、2段階目の取引のスキームとして株式交換を用いる場合には、やはりForm F-4の届出義務が生じ得ることには注意が必要である。

社社長Aは多額のキャッシュアウトが生じることは避けたいと考えている。さらに、2段階目の取引として、P社の全事業をその完全子会社に対して会社分割により承継させる場合には、ⓐP社の締結している事業上の重要契約の相当数について、形式的には無催告解除事由に該当すると考えられたこと、ⓑP社の全従業員（約1万5,000人）を対象として労働契約承継法上の手続（第2章■2(2)参照）を行う必要が生じること等から、かかるスキームを採用した場合にもやはり相当程度の実務負担が生じることが予想される。これらの事情に鑑みて、最終的に、P社は、共同株式移転のスキームを維持することとした。

■5 本事例におけるスケジュール

P社・S社は、平成30年6月の定時株主総会で共同株式移転計画の承認決議を行うことを目指しているが、①F-4ファイリングは株主総会の招集通知の発送前に行うことが必要とされており、また、②SEC登録会社でない会社がF-4ファイリングを行う場合には、効力発生を希望する日の3、4か月前にドラフトの形式でSECに対して非公開を前提とした届出書の事前提出（initial submission）を行い、SECのレビューを受け始めることが一般的である。したがって、本事例では、平成30年5月1日に正式届出を行うことを前提に、同年1月10日頃にSECへの事前提出を行うことを目標として、早期にドラフト作業を開始する必要がある。

以上のとおり、公正取引委員会および海外競争当局への届出ならびにF-4ファイリングを考慮した結果、大要以下のスケジュールに従って手続を進めることとなった。

5 本事例におけるスケジュール

[図表5-2：想定スケジュール]

日程	予定事項
平成29年3月21日	守秘義務契約の締結
4月11日～5月8日	双方向の簡易なデューディリジェンス（ビジネス、会計）の実施
5月16日	基本合意書承認に係る取締役会決議（両社）
	基本合意書の締結
5月25日～9月14日	双方向の詳細なデューディリジェンス（ビジネス、会計・税務、法務）の実施
11月21日	経営統合契約の締結および株式移転計画の承認に係る取締役会決議（両社）
	経営統合契約の締結および株式移転計画の作成
12月上旬	公正取引委員会への届出前相談開始
平成30年1月10日	SECへの届出書の事前提出
4月上旬	公正取引委員会への届出
5月1日	Form F-4の正式届出
6月26日	株式移転計画の承認に係る定時株主総会決議（両社）
6月28日	上場廃止（両社）
7月3日	共同株式移転の効力発生日
	共同持株会社の株式新規上場

事例5-2　デューディリジェンスとガン・ジャンピング規制

　統合の大まかなスケジュールが決定された後、双方向でデューディリジェンスを実施する運びとなった。デューディリジェンス等において競争事業者である両社間の本格的な情報交換を開始す

第5章 経営統合（グローバル／共同持株会社化）

るにあたり、Cは、ガン・ジャンピング規制への対応について法律事務所に相談しておく必要があると考えた。特に、統合に向けた今後の準備・検討を見据えると、P社内でステンレス製造事業について最も深く理解している営業部長Dは基本的にS社から提供される情報のすべてに接することができるようにすることが望ましいと思われた。もっとも、Dは、営業部門のトップとして営業に関する事項についての決裁権限を有する人物であることから、Dの取扱いはガン・ジャンピング規制の観点からも慎重に検討する必要があると思われたので、この点についても重点的に法律事務所の助言を求めた。

6　競争法上の情報遮断の必要性（ガン・ジャンピング規制）

　競争事業者が共同株式移転による経営統合を行う場合、その効力発生日までは、当事会社は相互に独立した競争事業者であるため、この点に留意した対応を採る必要がある。すなわち、①企業結合の準備・検討の過程において行われる情報交換や当該情報交換を踏まえた協調行動により、一定の取引分野における競争が実質的に制限されると認められる場合には、独占禁止法上の不当な取引制限（独占禁止法3条後段、2条6項）（いわゆるカルテル等）に該当する可能性がある。また、②企業結合に係る独占禁止法上の届出の待機期間満了前に、当該企業結合の実施と評価される共同行為（いわゆる「統合の前倒し」）が認められる場合には、企業結合規制の潜脱としてやはり独占禁止法違反とされる可能性がある（いわゆるガン・ジャンピング）[10]。さらに、当事会社が海外でも事業展開している場合には、海外競争法上も上記と同様のリスクが生じる[11]。このようなリスクを回避するため、経営統合の準備、

検討の過程において情報交換を行う場合には、交換される情報の性質および範囲の制限、情報の受領者の範囲の制限等の観点から適切に情報管理を行うことが必要になる。また、情報交換だけでなく、企業結合の実施に向けた共同行為を行う場合には、当該共同行為がガン・ジャンピングに該当しないかの検討を行うことが必要になる。

P社とS社の場合、競合の度合いは比較的強いと考えられるので、ガン・ジャンピング規制にも十分に配慮する必要がある。そこで、P社から相談を受けた法律事務所の弁護士は、S社側の弁護士とも協議の上、デューディリジェンスを含む経営統合の準備・検討の過程における情報管理の方針・制約について説明した資料を作成し、これを両社で共有するよう助言した。情報管理の方針としては、例えば、以下のような内容が通常盛り込まれる。

① 交換される可能性がある情報について、当該情報が交換された場合に、一定の取引分野における競争が実質的に制限されるおそれがあるかという観点から、競争上の機微情報に該当するものとしないものに分け、これに該当するものを機微性の高さにより、以下の3つのカテゴリに分類する。

ⓐ 限定されたメンバーにそのままアクセスが許容される情報（例えば、製品ごとのコスト情報や過去の顧客ごとの販売数量等の情報など）

---

10) ガン・ジャンピングとは、狭義には、企業結合に関するクリアランスを得る前に企業結合または実質的にその効果を有する行為を行うことをいい、広義には、これに加え、企業結合前に情報を交換したり、それにより一定の協調行為を行ったりしてカルテル規制に違反することをいう。本文では、広義の意味におけるガン・ジャンピングのうち、特に競業者間の情報交換に関連する問題を扱っている。

11) なお、日本では現在までにガン・ジャンピングを理由として摘発された事例はないが、欧米では実際に多額の制裁金が課された事例もある。

ⓑ　限定されたメンバーにアクセスが許容されるが特に慎重な管理を要する情報（例えば、製品の顧客ごとの価格または数量その他取引条件に関する情報など）

　　ⓒ　基本的に交換自体が禁止される情報（例えば、将来の価格情報、価格設定・入札に関する情報など）

②　両社内で経営統合の準備・検討を行うクリーン・チーム（両当事会社の営業活動に従事している者や事業上の意思決定に関与する者を除き、かつ、企業結合の準備・検討に関与する必要がある者で構成されるチーム）を組成する。

③　上記ⓐの情報については、原則としてクリーン・チームのメンバーおよび外部アドバイザーのみがアクセスできるものとする。

④　上記ⓑの情報については、ⓐの情報に比べて競争法上取扱いに注意する必要が高いことに鑑み、原則としてクリーン・チームのメンバーおよび外部アドバイザーのみがアクセスできるものとし、かつ、相手方への開示にあたり内容を概略化したり、マスキングしたりして開示方法を工夫する。また、クリーン・チーム以外の者に漏洩しないよう情報管理の徹底を行う。

⑤　上記ⓒの情報については、交換されることがないようクリーン・チームに対し周知徹底を行う。

　また、P社の営業部長Dは、営業に関する事項についての決裁権限を有しており、P社・S社間の競争関係に影響を及ぼし得る機微情報を事実上利用することができる立場にある者であるから、クリーン・チームのメンバーとすることは避けるべきである。その上で、経営統合の準備・検討を行う過程で、S社から受領した情報に関してDからの意見を聴取することが必須であるといった事態が生じた場合には、統合の進捗状況や当該情報の内容・性質等に鑑みて、Dに当該情報を開示することにどの程度リスクがあるかについて、個別具体的に法律

事務所に相談することが望ましい。また、そのような場合には、Dが所属する部署を、営業部からP社・S社間の競争関係に影響を及ぼし得る機微情報を利用できない部署に変更した上で、Dをクリーン・チームに加入させるという方法を検討することもある。もっとも、かかる方法をとる場合、仮に経営統合が破談になったとしても、一定期間（例えば1〜2年程度）は、Dを再度営業部に配置することは避けるべきである。

第 6 章

公開買付け

事例6-1　買収のスキームとスケジュール

　P社は、東京証券取引所市場第一部に上場しており、関東圏を中心に事業を展開している総合住宅メーカーである。近年、事業範囲を拡大しながら堅調に売上を伸ばしており、P社の直近の事業年度（平成28年3月期）の連結売上高は約5,000億円、営業利益は約500億円である。もっとも、P社が事業を行う地理的な範囲は関東圏に限定されているところ、東京都心部では土地価格の高止まり傾向が見られ、かつ建設資材や人件費の高騰など厳しい経営環境が見込まれるため、事業地域を拡大することにより購買力を強化し、コスト削減につなげたいと考えていた。

　そのような中、P社は、平成28年10月、S社の財務アドバイザーから、S社が所有するT社株式のすべて（議決権所有割合51％）の取得に関心がないか打診を受けた。S社は、関西地域を基盤として各種不動産関連事業を展開する東京証券取引所市場第一部上場企業であるが、S社の財務アドバイザーによると、経営資源を中核事業であるオフィスビル・商業ビルの開発・運営事業に集中させることとし、S社にとって非中核事業を営むT社株式の売却を検討しており、近々興味を示す数社を対象に入札手続を開始する予定とのことであった。

　T社は、東京証券取引所市場第一部に上場しており、関西圏を中心に事業を展開している総合住宅メーカーである。入札手続への参加の是非を検討するにあたりP社がT社の公開情報を確認したところ、直近の事業年度（平成28年3月期）における売上高は約2,000億円、営業利益は約67億円であり、現在の株価は800円前後、時価総額は約400億円である。株価は、平成25年をピークに、消費税増税などの影響もあり、近時は低迷している。新株

予約権は、ストック・オプションも含め発行していない。Ｔ社の取締役総数は8名であり、構成は、Ｓ社から派遣されている取締役が2名、Ｔ社生え抜きの取締役が4名、独立社外取締役が2名である。また、Ｔ社の第2位株主は、アクティビストファンドとして知られるＦ社であり、大量保有報告書によれば、Ｔ社の総議決権の5.1％を所有している。報道によると、Ｆ社は、Ｔ社が保有する余剰資金の使途が非効率であるなど度々経営に関する提言を行っているようである。

　Ｐ社は、初期的な検討の結果、現在のＴ社の株価は低目に評価されていると考えられること、Ｐ社の財務状況に照らすとＴ社の買収資金の調達は十分可能であること、Ｔ社の子会社化を足がかりにＰ社グループが関西圏に進出し、事業を拡大することで購買力を強化しシナジーを発揮できれば、十分に買収金額に見合う利益を上げられると考えられることから、Ｓ社が実施する入札手続に参加することとした。また、Ｐ社は、シナジーを最大化するためには、一般株主からＴ社株式をすべて買い取り、Ｔ社を非上場化する方がよいと考えている。なお、Ｐ社としては、Ｐ社の発行済株式総数を増加させたくないため、Ｔ社の買収は現金対価で行いたいと考えており、Ｓ社の財務アドバイザーによると、Ｓ社も現金で対価を受領したいと考えている模様である。一方で、Ｔ社の顧客層にはＳ社グループ会社関係者が少なからず含まれているようであることから、Ｔ社の事業価値を毀損しないためにも、取引関係維持のため、Ｐ社は、Ｓ社に一定の株式を継続保有してほしいと考えている。Ｓ社の財務アドバイザーを通じてＰ社がこの点についてＳ社の感触を探ったところ、5％程度の資本関係を継続維持する余地はあり、Ｐ社が希望するのであれば入札手続において提案をしてほしいとのことであった。

第6章　公開買付け

　平成28年11月中旬、入札手続が本格的に開始することとなったため、P社は、正式に社内のプロジェクトチームを組成し、法律事務所、会計事務所、証券会社等を起用して買収に取り組むこととした。P社は、T社の買収の進め方につき法律事務所に相談しつつ、T社の会社情報と入札要項を受領するために、まずはS社の財務アドバイザーから提示された守秘義務契約を締結した。入札要項には、S社の決算との関係で、平成29年3月末までに公開買付けの決済を終わらせることが取引の前提であると明記されていた。

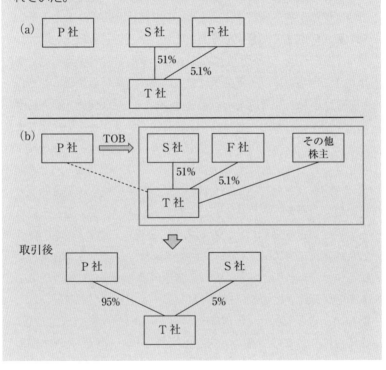

1 買収のスキーム

(1) 公開買付制度の利用

　上場会社であるＴ社を買収しようとする場合には、Ｔ社の株主に対してＰ社株式を交付し、Ｔ社の発行済株式のすべてをＰ社が取得する株式交換を行うことも選択肢の一つとして考えられる。しかし、本事例ではＰ社もＳ社も現金を対価とすることを希望しているから、この方法をとることはできず[1]、本事例においてＴ社の株式を取得する場合には、基本的に、以下に説明する公開買付け（TOB[2]）と呼ばれる制度を通じてＴ社株式を買い取る必要がある。

　公開買付けとは、公開買付者（公開買付けにより株式を取得する主体）が公開買付届出書と呼ばれる書面を財務局に提出し、対象者（公開買付けの対象となる株式の発行者）のすべての株主に対して同一の買付条件を示し、所定の応募期間中に応募があった株式について、公開買付届出書記載の条件に従い買い取る手続である。本事例で公開買付けを行うとすれば、Ｐ社が公開買付者、Ｔ社が対象者に当たる。

　本事例においては、Ｓ社が既にＴ社株式を51％所有する支配株主であるため、第１章のように、Ｐ社はＳ社と相対で交渉して株式譲渡契約を締結することにより、Ｓ社の所有するＴ社株式を売却してもらえばよいようにも思える。しかしながら、金融商品取引法上、上場会社の支配権に影響を与えるような取引所金融商品市場外での株式取得

---

[1] 　Ｔ社の株主に対して現金を交付し、Ｔ社の発行済株式のすべてをＰ社が取得する株式交換も理論的には可能であるが、現金を対価とする株式交換は税務上非適格組織再編とされ、Ｔ社の資産および負債を時価評価して譲渡損益を認識してしまうため通常は行われていない。なお、 column 6-1 参照。
[2] 　Tender Offer Bid または Take Over Bid の略語。

第6章　公開買付け

（相対取引はこれに当たる）などを行う場合には、公開買付けを実施し、すべての株主に対して同一の買付価格で株式の買付けを申し込むことが義務付けられており、公開買付けによらない株式の取得は禁じられている（強制公開買付け）。このように公開買付けが義務付けられている趣旨は、会社支配権や株価に重大な影響を及ぼし得る取引所金融商品市場外での大量の株式の取得にあたっては、十分に情報を開示させ、一般株主にも保有株式の売却の機会を公平に与え、金融商品取引市場の信用性を確保することにあるとされている。

公開買付けが義務付けられる場合の要件は複雑であるため、本書では詳細は割愛するが、原則として、上場会社など有価証券報告書の提出義務を負う会社が発行する株式を取引所金融商品市場外で取得する場合で、株式を取得した後の議決権所有割合が3分の1を超えるときには、公開買付けを行うことが義務付けられる（いわゆる3分の1ルール）。

[図表6-1：公開買付けにおける実体的規制]

P社が公開買付けを行う場合、一般株主に十分な情報を開示し、一般株主にも保有株式の売却の機会を公平に与えること等の理由から、以下で説明するような規制が存在する。	
買付条件に係る規制	① 買付けの期間（公開買付期間）
	・公開買付開始公告（図表6-5の③参照）を行った日から起算して20営業日以上60営業日以内の範囲内とする必要がある。
	・当初P社が設定した公開買付期間が30営業日未満の場合、T社はその期間が十分でないと考えれば、延長請求を行って、30営業日に延長させることができる。
	② 買付予定数
	・公開買付けでは、株主が公開買付けに応募した場合、原則として、応募のあった株式すべてを買い付けなければならない。

		・買付予定の株式の数には上限および下限を設定することができる。ただし、上限については、公開買付け後におけるP社の議決権所有割合が3分の2以上となるような数には設定できない（後出「公開買付者の義務」の①参照）。
	③ 買付けの価格（公開買付価格）	
	・公開買付けによる株式の買付けを行う場合には、公開買付価格については、均一の条件にしなければならない。 ・P社が公開買付けに応募した株主に支払う対価は、すべて同一の価格にする必要がある。	
公開買付者の義務	① 全部勧誘義務・全部買付義務	
	・本事例のように買付け後のP社の議決権所有割合が3分の2以上となる場合、P社は、ⓐT社のすべての株主に対して、買付けの申込みや売付けの申込みの勧誘などを行う義務（全部勧誘義務）およびⓑ応募のあった株式をすべて決済する義務（全部買付義務）を負う。	
	② 別途買付けの禁止	
	・P社やP社の一定の関係者については、公開買付期間中、原則として、公開買付けによらないでT社の株式の買付けを行うことが禁止されている。したがって、例えば、公開買付期間中、P社がS社から公開買付けの手続外でT社株式を買い取ることは許されない。	
公開買付けの撤回の制限	P社は、公開買付開始公告を行った後は、原則として公開買付けを撤回することはできない。ただし、例外的に、①法令が定める「公開買付けの目的の達成に重大な支障となる事情」が生じ、かつ公開買付開始公告等において、そのような事情が生じたときは公開買付けの撤回をすることがある旨の条件（撤回条件）を付していた場合や、②P社に関し、法令が定める「重要な事情の変更」が生じた場合には、公開買付けを撤回することが認められている。	

(2) スクイーズ・アウト手続

本事例において、P社は、一般株主からT社株式をすべて買い取り、T社を非上場化する方がよいと考えている。ところが、P社が公開買付けを実施しても、予め公開買付けに応募する約束を取り付けることができるS社はともかく、必ずしもT社の一般株主全員が応募するとは限らないため、公開買付けだけでT社の発行済株式のすべてを取得することは実務上ほぼ不可能である。したがって、公開買付け終了後に、公開買付けに応募しなかった少数株主の有するT社株式を強制的に取得する手続（スクイーズ・アウト）を経ることが別途必要となる[3]。

公開買付け後に行うスクイーズ・アウトには、いくつかの方法が存在するが、大別すると、株式を対価とするケースと、現金を対価とするケース（いわゆるキャッシュ・アウト（Cash Out））がある。前者は、P社株式を対価とする株式交換が典型的な例であるが、本事例においては、P社が現金を対価とする買収を行いたいと考えていることから、この方法は、P社の意向に沿わない。

現金を対価とするスクイーズ・アウトの手法としては、①株式等売渡請求（会社法179条～179条の10）、②株式併合（同法180条～182条の6）、③全部取得条項付種類株式（同法108条1項7号、171条～173条の2）、④現金対価の株式交換（同法2条31号、767条～769条ほか）、⑤現金対価の合併（同法2条27号、748条～750条ほか）などがある。このうち、④現金対価の株式交換および⑤現金対価の合併の手法は、税務上の理由により、これまでのところ実務ではあまり使われていない（ただし、 column 6-1 参照）。平成26年改正会社法の施行以降、実務上主流となっているのは、①および②であり、これらの概要は、以下の図の

---

[3] 1段階目として、公開買付けなどの手続によって買収者の議決権所有割合を上昇させ、2段階目として、スクイーズ・アウトを実施して対象者を完全子会社化するというスキームは、2段階買収と呼ばれている。

とおりである[4]。

[図表 6-2：スクイーズ・アウトの主な手法]

	概要
①株式等売渡請求	・対象者の総株主の議決権の 90％以上を有する株主（特別支配株主）が、対象者の他の株主全員に対して、その保有する株式の全部を売り渡すことを請求できる制度。 ・P 社は、公開買付けを通じて、T 社の総株主の議決権の 90％以上を取得しなければならない。
②株式併合	・株式併合後にスクイーズ・アウトを行う株主（公開買付者）に 1 株以上の株式が残り、その他の株主に 1 株未満の端数しか残らない併合比率で株式併合を行い、1 株未満の端数の合計数に相当する数の株式の売却等（会社法 235 条、234 条 2 項～5 項）によって得られた代金を端数に応じて株主に交付する手続。 ・T 社の株主総会の特別決議で承認される必要があるため、P 社は、公開買付けを通じて、T 社の総株主の議決権の 3 分の 2 以上を取得する必要がある。

---

[4] 本文で取り上げない手続について簡単に説明すると、③（全部取得条項付種類株式）では、対象者の定款を変更し、対象者の普通株式を全部取得条項付種類株式とし、対象者が直ちに当該株式を取得し、その対価としてスクイーズ・アウトを行う株主（公開買付者）について 1 以上の株式を交付し、その他の株主については 1 株未満の端数処理として金銭の交付を行う手続、④（現金対価の株式交換）では、公開買付者を株式交換完全親会社とし、対象者を株式交換完全子会社として、現金を対価とする株式交換を行い、公開買付者以外の対象者株主に対して現金を交付する手続、⑤（現金対価の合併）では、公開買付者を合併存続会社とし、対象者を合併消滅会社として、現金を対価とする合併を行い、公開買付者および対象者以外の対象者株主に対して現金を交付する手続をそれぞれ実施する。

公開買付けの結果、P社が保有するT社の議決権所有割合が90%以上となる場合には、対象者の株主総会の特別決議による承認が不要であり、もっとも手続が簡便な①株式等売渡請求を行うことが通常である。他方で、P社が保有するT社の議決権所有割合が3分の2以上かつ90%未満であった場合には、②株式併合の手法が用いられることが多い。

対象者の株主にとって、2段階買収が予定されているか、また、予定されている場合のその条件がどのようなものであるかは、応募するか否かを判断するために重要な情報である。したがって、公開買付け完了後に2段階目の買収として一般株主のスクイーズ・アウトを予定している場合には、公開買付届出書やプレスリリースなどの開示書類（図表6-5の①および③参照）で開示するとともに、P社としては、「強圧的な買収」[5]ではないかという疑義を避けるため、特段の理由のない限り、2段階目の買収対価は公開買付価格と同等にする必要がある。

> **column 6-1** 平成29年度税制改正におけるスクイーズ・アウト関連の改正
>
> 従来の税制の下では、スクイーズ・アウトの際にとられる手法ごとに税務上の取扱いが異なり、そのことが、手法選択自体に一定の影響

---

[5] 例えば、2段階目の買収で少数株主が受け取る対価が公開買付価格よりも低く設定される場合またはその可能性がある場合を考えてみよう。T社株主としては、公開買付けによりP社が3分の2以上の議決権を取得してしまい安価でT社株式を強制的に手放さざるを得なくなるよりも、公開買付けに応募した方がまだ有利であると考えて、自己の意に反して公開買付けに応募せざるを得ない事態が生じ得る。このような問題を「強圧性の問題」という。強圧的な買収とされた場合には、事例6-4 の価格決定申立事件において「一般に公正な手続」といえないと判断される可能性が高いことに加えて、スクイーズ・アウトの効力自体にも疑義が生じる可能性がある。

を及ぼしていた。しかし、平成29年度税制改正では、こうした税務上の取扱いの不均衡がかなりの程度解消されることとなった。平成29年度税制改正におけるスクイーズ・アウト関連の改正のうち特に重要なものは、以下の2点である。これらの改正は、平成29年10月1日以降に行われるスクイーズ・アウトに適用される。

平成29年度税制改正に伴い、各スクイーズ・アウト手法を比較した場合の税務面における差異がかなり減ることから、改正後は、会社法上の手続の差異など税務面以外の事情を踏まえて、スクイーズ・アウト手法の選択が行われることになると考えられる。

なお、このほか、平成29年度税制改正においては、スクイーズ・アウトされる少数株主が受領する現金対価にみなし配当課税の適用があるかどうかについても、若干の変更がなされている。

① 株式等売渡請求、株式併合および全部取得条項付種類株式を用いたスクイーズ・アウトの組織再編税制への組み込み

平成29年度税制改正前は、株式等売渡請求、株式併合および全部取得条項付種類株式を用いたスクイーズ・アウトは、組織再編税制の適用対象外とされており、原則として対象会社に対する課税は生じなかった。しかしながら、平成29年度税制改正により、株式等売渡請求、株式併合および全部取得条項付種類株式によるスクイーズ・アウトについても「株式交換等」（改正法人税法2条12号の16）として、組織再編税制に組み込まれた結果、これらの手法によるスクイーズ・アウトが株式交換と同様の適格要件（改正法人税法2条12号の17）を満たさない場合には、対象会社（ 事例6-1 におけるT社）は、その保有する時価評価資産（一定の固定資産、土地、有価証券、金銭債権および繰延資産等）について、時価評価を求められ、それに伴い評価益への課税が生じることになる（ただし、平成29年度税制改正においては、時価評価の対象となる資産の範囲を見直し、いわゆる自己創設のれんをその時価評価の対象から除外して、税務リスクの軽減と予見可能性を高める手当がなされている）。

連結納税との関係では、平成29年度税制改正前は、株式等売渡請求、株式併合および全部取得条項付種類株式を用いたスクイーズ・アウト

による完全子会社化に伴い、対象会社が買収会社（事例6-1におけるP社）の連結納税グループに加入した場合、非適格株式交換を用いたケースと同様に、原則として、連結納税加入時に対象会社の時価評価資産についての時価評価を求められ、それに伴い評価益への課税が生じ多額の税負担が生じるおそれがあったことに加え、連結納税グループへの加入前に生じた欠損金額は、連結納税制度の下で繰越控除の対象とされていなかった。これらの点について、平成29年度税制改正により、株式等売渡請求、株式併合および全部取得条項付種類株式を用いたスクイーズ・アウトの場合であっても、適格要件を満たせば、適格株式交換を用いたケースと同様に、資産の時価評価を免れ、さらに連結納税グループへの加入前に生じた欠損金額はその個別所得金額を限度として連結納税制度の下で繰越控除の対象となることとなった。そのため、連結納税制度を採用している買収会社にとっては、株式等売渡請求、株式併合および全部取得条項付種類株式を利用してスクイーズ・アウトを行った場合の税負担が軽減されることとなる。

② 合併および株式交換に係る対価要件の見直し

　従来の税制の下では、合併および株式交換を用いたスクイーズ・アウトは、組織再編税制の適用対象とされており、適格要件として、原則として合併法人または株式交換完全親法人（買収会社）の株式またはその親法人の株式のみを対価として交付することが求められていた（対価要件）。そのため、現金を対価とした合併および株式交換は適格要件を満たさず、その結果、対象会社の時価評価資産について、時価評価を求められて評価益への課税が生じることとなるので、スクイーズ・アウトの手法として利用することは事実上難しい状況にあった。

　しかし、平成29年度税制改正により、対価要件の見直しが行われ、合併法人または株式交換完全親法人が被合併法人または株式交換完全子法人（対象会社）の発行済株式（自己株式を除く。以下同じ）の3分の2以上を有する場合におけるその他の株主（少数株主）に対して交付する対価を除外して対価要件を判定することとなったため（改正法人税法2条12号の17柱書）、現金を対価とした合併および株式交換であっても、適格要件を満たすことができることとなった。したがって、

改正後は、合併および株式交換もスクイーズ・アウト手法の現実的な選択肢になると考えられる。

(3) S社によるT社株式継続保有

S社に最終的にT社の総議決権の5%に当たる株式を残すための方法としては、例えば以下のようなものが考えられる。

[図表6-3：S社によるT社株式継続保有方法]

	概要
①完全子会社化後のP社への株式譲渡/第三者割当増資	P社が、公開買付けおよびスクイーズ・アウトを通じて、T社の発行済株式のすべてを一旦取得した上で、S社に対してT社の総議決権の5%に当たる株式を譲渡または第三者割当増資により引き受けてもらう方法
②P社の保有する一部の株式について不応募の同意	S社が保有するT社株式のうち、T社の総議決権の5%に当たる株式については公開買付けに応募しないよう、S社との間で予め合意し、S社が公開買付けに応募しなかったT社株式を除く株式についてのみ、スクイーズ・アウトを行う方法。 なお、株式等売渡請求は、原則として、P社が他のT社株主の全員に対し、その保有するT社株式の全部を売り渡すことを請求するという制度であるため、②のケースでは、株式等売渡請求は利用できない。

まず、②の方法をとる場合、スクイーズ・アウトのための株式併合において、S社とT社以外の株主には1株未満の端数しか残らないが、1株未満の端数をすべて集めると1株を超えるような併合比率を設定

する必要がある[6)]。しかし、公開買付けに応募されたT社株式の数は予測することが難しいため、結果によっては、株式併合後のS社とP社の持株比率の設定が難しくなる可能性がある。また、本事例では、アクティビストファンドであるF社が公開買付けに応募しない場合、S社（5%）を上回る約5.1%の大株主が残ってしまうので、F社をスクイーズ・アウトすることができなくなってしまう。そのため、本事例においては、②の方法は採用できないことになる。

したがって、以下では、①の方法を採用する前提で検討を行う。

2　本事例におけるスケジュール

上述したスキームを踏まえ、本事例で想定される大まかなスケジュールは、以下の図のとおりである。

[図表6-4：想定スケジュール]

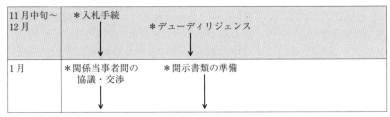

[6)] 仮に1株未満の端数をすべて集めても1株を超えない場合、1株未満の端数の合計数に相当する数の株式の売却等を行えないため、少数株主に交付するための代金を得ることができない（会社法235条、234条2項～5項参照）。結果的に、これらの端数はすべて単に切り捨てられ、スクイーズ・アウトの対象となったT社の少数株主には何ら対価が交付されないことになる。そのような株式併合は、少数株主の利益を著しく害することになるため、事例6-4の価格決定申立事件において「一般に公正な手続」といえないと判断される可能性が高いことに加えて、スクイーズ・アウトの効力自体も否定される可能性が高い。

2 本事例におけるスケジュール

2月	応募契約・株主間契約の締結/公開買付けの開始の決定/T社における意見表明の決定	・公開買付開始プレス ・意見表明プレス（T社）	＊独占禁止法上の事前届出
	公開買付けの開始 〈公開買付期間〉 ・公開買付説明書の交付	・公開買付開始公告、公開買付届出書の提出 ・意見表明報告書の提出（T社）	＊排除措置命令を行わない旨の通知書の受領 ＊訂正届出書の提出
3月	公開買付期間の末日 ・公開買付結果プレス、公開買付報告書の提出	・大量保有報告書の提出	
	①株式等売渡請求の場合 公開買付けの決済開始 ＊株式等売渡請求の決定/T社への通知/T社における承認/T社からの承認通知 ・株式等売渡請求承認プレス（T社） ＊T社から売渡株主への公告 ＊事前備置手続の開始 ＊変更報告書の提出	②株式併合の場合 公開買付けの決済開始 ＊T社取締役会における基準日設定決議　・基準日設定公告（T社）	
4月	＊上場廃止	＊臨時株主総会基準日 ＊T社取締役会における臨時株主総会招集決議	
5月	株式等売渡請求の効力発生 ＊事後備置手続の開始 　　　　　↓ ＊S社に対する株式譲渡	＊臨時株主総会招集通知発送　＊事前備置手続の開始 T社臨時株主総会における株式併合決議 ＊株式併合公告　＊上場廃止	
6月		株式併合の効力発生 ＊事後備置手続の開始　　＊S社に対する株式譲渡	
7月		＊端数相当株式売却許可申請 ＊端数相当株式売却許可決定	
8月	＊売渡株主に対する売渡対価の支払完了	＊端数相当株式の売却代金支払開始	

上記のスケジュール表を踏まえ、以下では、P社にとってポイントとなる手続や留意すべき事項をいくつか概説する。

(1) 関係当事者間の協議・交渉、デューディリジェンス

　本事例においては、入札手続の段階から、P社およびS社間で、買収スキームや買収条件、スケジュールに関する協議・交渉は行われるが、より具体的な関係当事者間の協議・交渉が始まるのは、P社が最終入札で勝ち残った後である。P社によるT社の買収の検討にあたって、本事例のように、P社とS社の間（またはT社を含めた3社間）で守秘義務契約が締結されるのが通常であることは公開買付けによらない相対の株式譲渡の場合と同様である（守秘義務契約については、第1章■2参照）。

　また、P社は、通常、このようなT社やS社との間の協議・交渉と並行して、T社を法務、会計・税務、ビジネスの観点から精査するためにデューディリジェンスを行う（株式買収時のデューディリジェンスのポイントについては、第1章■3参照）。なお、本事例では、P社、S社、T社のいずれもが上場会社であり、入札手続やデューディリジェンスが行われていることが一般に知れると当事者の株価に影響し、またインサイダー取引規制違反の問題も生じうるため、情報管理には特に注意が必要であり、関与者を減らす結果、デューディリジェンスの範囲が限定されることも少なくない。

　さらに、本事例の場合は、大株主と公開買付者との間で対象者の支配権を移転することを目的としているため、P社とS社との間で、P社が一定の条件で公開買付けを実施することを約束し、S社はかかる公開買付けが実施された場合に、自己の所有するT社株式について公開買付けに応募することを約束する契約を締結することとなる（応募契約については、後出■3(1)参照）。一方、P社とT社との間では、公開

買付価格をはじめとする買付条件や開示書類の内容などについて協議・交渉を行うことになる。場合によっては、統合契約や公開買付けに関する覚書などと題する書面による契約を締結することもある（公開買付者と対象者との間の契約については、後出 3(2)参照）。加えて、本事例では、スクイーズ・アウト完了後にP社がS社に5％分のT社株式を公開買付価格と実質的に同額で譲渡することを合意し、S社との間で株式譲渡契約や株主間契約などを締結することになる（事例6-3参照）。

(2) 開示書類の準備

P社は、金融商品取引法に基づく公開買付開始公告や公開買付届出書等の法定開示書類、金融商品取引所規則（本事例では東京証券取引所の有価証券上場規程）に基づく適時開示書類（プレスリリース）を準備する必要がある。実務上、公開買付届出書の内容については、公開買付けの公表日の2～3週間前頃に関東財務局と事前相談を行うことが通例となっている。また、本事例では、T社の完全子会社化が目的とされており、T社は上場廃止となる見込みであるため、適時開示書類の内容について、公開買付けの公表日の遅くとも10日前までに東京証券取引所と事前相談を行うことが義務付けられる。

[図表6-5：公開買付けで必要となる主な書類]

書類名	開示・提出時期	概要
①公開買付開始プレスリリース	P社が公開買付けの開始を決定した後	P社が公開買付けを開始する旨の決定（取締役会設置会社であれば、通常は取締役会決議）を行った後、金融商品取引所規則に基づく適時開示を行う。

②意見表明プレスリリース	T社が公開買付けについての意見表明を決定した後		T社は、少数株主の利益も考慮した上で、P社の実施した公開買付けの条件が賛同するに値するものであるか否かの意見の表明に係る決定（取締役会設置会社であれば、通常は取締役会決議）を行った後、金融商品取引所規則に基づく適時開示を行う。敵対的買収の場合を除き、P社からの提案を予め検討した上で、P社が公開買付けの開始を決定した直後に、公開買付けに賛同する旨の決定を行うのが一般的である。
③公開買付開始公告、公開買付届出書	公開買付開始日		P社は、公開買付けの開始について周知するとともに、T社の株主や投資家が公開買付けに応募するか否かを判断するために必要な情報を提供するために、公開買付開始公告を行う。この公告により、公開買付けが開始される。また、P社は公開買付開始公告を行った日に、電子情報開示システムであるEDINETを通じて、公開買付届出書を関東財務局長に提出する。実務上は、公開買付けの公表日の翌営業日に公開買付開始公告および公開買付届出書の提出が行われることが多い。 なお、公開買付けが開始すると、P社は公開買付代理人を通じて、T社株主からの応募の受付を開始することになる。そして、公開買付けに応募しようとするT社株主に対して、応募前または応募と同時に、公開買付届出書とほぼ同じ内容が記載された公開買付説明書を交付する。
④意見表明報告書	公開買付開始公告が行われた日から10営業日以内		T社は、公開買付開始公告が行われた日から10営業日以内に、公開買付けに対する意見等を記載した意見表明報告書を提出する。もっとも、本事例のような友好的公開買付けの場合、公開買付開始公告と同日

2 本事例におけるスケジュール

		に、公開買付けに賛同する旨の意見表明報告書を提出するのが一般的である。
⑤公開買付結果プレスリリース、公開買付報告書	公開買付期間の末日の翌日	公開買付期間が終了した場合、P社は、公開買付期間の末日の翌日に、金融商品取引法の規定に基づいて、公開買付けの結果の公告または公表を行う。P社のような上場会社の場合には、通常、金融商品取引所規則に基づく適時開示を兼ねて、プレスリリースによる公表の形式で行うことが多い。また、同日、P社はEDINETを通じて公開買付報告書を提出する。なお、公開買付けに応募した株主に対しては、公開買付期間終了後遅滞なく、買付けを行う株式の数等を記載した通知書を送付する。
⑥大量保有報告書	大量保有報告者となった日（公開買付期間の末日）の翌日から起算して5営業日以内	上場会社の株式を取得し、取得後の株式保有割合が5％を超える場合には、株式保有割合に関する事項、取得資金に関する事項、保有の目的などを記載した大量保有報告書を提出する。本事例においても、公開買付けが成立し、P社が株式保有割合にして5％超のT社株式を取得することになれば、大量保有報告書を提出する必要がある。 大量保有報告書は、大量保有報告者となった日の翌日から起算して5営業日以内に提出しなければならない。本事例では、P社が公開買付けに応募した株主から株式の買付けを行うことが確定した日（金融庁の見解によれば、公開買付期間の末日）の翌日から起算して5営業日以内に、P社は大量保有報告書を提出しなければならない。

(3) 独占禁止法上の手続

本事例では、P社が属する企業結合集団[7]に属するすべての会社、組合その他の事業体の国内売上高合計額が200億円を超え、かつ、T社およびその子会社の国内売上高を合計した額が50億円を超えるから、P社はT社株式の取得に関する計画を公正取引委員会に事前に届け出なければならない。このような場合、原則として、届出受理の日から30日を経過するまでは、P社はT社株式を取得してはならない（待機期間）。

金融庁の見解によれば、公開買付期間の末日の前日までに待機期間（原則30日間）が終了するようにする必要があるとされている。また、①公開買付期間中に排除措置命令を行わない旨の通知を受けた場合、または②公開買付期間中に公正取引委員会から排除措置命令の事前通知を受けることなく独占禁止法に基づく排除措置命令の事前通知を受ける可能性のある期間（措置期間）が終了した場合には、P社は公開買付届出書の内容を訂正するための訂正届出書を提出する必要があるとされている。そして、訂正届出書を提出した場合には、そこから10営業日後までは公開買付期間を設けなければならなくなる（当初設定した公開買付期間が足りない場合には公開買付期間の延長を行う必要がある）ことから、仮にP社が公開買付期間開始後に事前届出を行う場合には、公開買付期間が長期に及んでしまう可能性がある。

そのため、実務上は、公開買付開始前または公開買付開始後比較的早いタイミングで、排除措置命令を行わない旨の通知書を受領し、または、待機期間が終了するように日程を調整している事例も多い。

もっとも、本事例のように入札手続が行われる場合には、最終候補者との間で応募契約を締結するまで、こうした手続を可能な限り進め

---

[7] P社にとっての究極の親会社（P社が属する企業グループのトップの会社）およびそのすべての子会社からなる集団のことをいう。

たくないという意向をS社が示すことがある。その場合には、応募契約が締結され、公開買付けの開始が公表された後に事前届出を行うことも考えられるが、上述した公開買付期間延長のリスクを極力避けるためには、公表後速やかに事前届出を行うべきである。なお、本事例では、公開買付けの開始が公表された後に事前届出を行ったとしても、P社とT社の事業地域が重なっておらず、両社の間に競合関係がないことから、待機期間が短縮され、公開買付開始後比較的早いタイミングで、排除措置命令を行わない旨の通知書および待機期間短縮の通知書を受領できる可能性はある。

(4) 株主の権利行使の基準日との関係（増配リスク）

本事例では、S社が事業年度の末日までに公開買付けの決済を完了したいと要望しているが、仮にS社から上記のような具体的な要望がなかったとしても、公開買付けのスケジュール作成にあたっては、事業年度の末日や株主の権利行使の基準日について注意を払う必要がある。

大多数の株式会社では、その定款において、事業年度の末日（多くは毎年3月31日）を定時株主総会の議決権の行使に関する基準日および期末配当に関する基準日としている一方で、定時株主総会を当該基準日から3か月以内の日（多くは6月下旬）に開催している。

T社がこのような会社であった場合、公開買付けの決済が平成29年3月31日までに終われば、P社はT社の定時株主総会において、公開買付けで取得した株式について議決権を行使することができる。また、定時株主総会で期末配当が決議された場合には、当該配当を受領することができる。他方、公開買付けの決済が平成29年3月31日までに終わらなければ、定時株主総会では、S社を含めその時点ですでに株主ではなくなっている公開買付けに応募した株主（旧株主）が

第6章　公開買付け

総株主の議決権の過半数を占める事態が生じ得る。その場合、これらの旧株主が配当議案について大幅な増配の修正動議を総会の当日に提出し、それが賛成多数により可決される可能性も否定できない。また、会社からの配当議案の提出がない場合であっても、分配可能額が存在する限り、旧株主が株主提案権を行使して高額の配当を定時株主総会に提案し、それが可決されてしまう可能性もある。いずれにしても、このようなことが起これば、T社の多額の資金が旧株主に流出することになり、P社は不測の損害を被ることになる。

したがって、P社としては、上記のような事態が発生しないように対策を講じる必要がある。

その具体的な対策としては、3月末までに公開買付けの決済を行う、定時株主総会開催後に公開買付けを開始するなど、公開買付けの日程を調整するという方法があるが、そのほかにも、本事例では、総株主の議決権の過半数を有するS社との間で応募契約を締結し、定時株主総会においてS社がP社の意向に沿って議決権を行使することを約束させることにより、増配提案が可決されないように手当てしておくという方法も考えられる（応募契約における議決権に関する合意については、後出■3(1)④参照）。

(5) 決算発表との関係

T社の決算発表や業績予想の修正も、公開買付期間の設定に影響を与える。例えば、これらの情報が既に公表されている予測値等と大きく乖離し、株主が公開買付けに応募するか否かの判断に重要な情報である場合には、公開買付届出書にその内容を記載する必要がある。また、公開買付け開始後、その期間中にそれらの発表があった場合も、その重要性によっては、公開買付届出書の訂正が必要になり、発表のタイミングによっては、公開買付期間の延長が必要となり得る。実務

上は、公開買付けの開始日前後に対象者の決算発表等が予定されている場合、公開買付けの開始の発表は、決算発表等と同日またはそれ以降に行われるのが一般的である。

> **column 6-2** 米国証券法の域外適用
>
> 　日本法に基づく公開買付けであっても、米国に住所のある株主に向けて応募の勧誘を行い、これらの株主から応募を受け付ける場合には、米国証券法が適用される可能性があることに留意が必要である。日本法上の公開買付規制と米国証券法上の公開買付規制との相違はそれほど大きくないが、米国証券法が適用される場合、公開買付期間中のみならず取引公表時から別途買付けが禁止されること、別途買付けが禁止される者の範囲にアドバイザーも含まれ得ることなど、日本法とは異なる実体規制が存在する。また、米国証券法が適用される場合、日本国内の株主に提供された書類を米国の株主にも英語で提供する必要があるため、公開買付説明書やプレスリリースの英訳を作成し、米国の株主に送付・公表するための事務的・時間的コストが生じる。
>
> 　① クロスボーダー・エグゼンプション
>
> 　米国証券法上、一定の時点における対象者の米国株主比率が所定の割合以下の場合には、米国外の法人の発行する証券に対する公開買付けについて米国証券法の公開買付規制の適用を部分的に免除する制度（いわゆるクロスボーダー・エグゼンプション）が存在する。クロスボーダー・エグゼンプションには、対象者の米国株主比率[8]が10％以下の場合に適用され得るティアーⅠと当該比率が40％以下の場合に適用さ

---

[8] 本書では詳細には立ち入らないが、ここでいう米国株主比率は、簡潔にいえば、米国に居住する者が保有する株式数を発行済株式総数で除した割合（ただし、公開買付者および対象者が保有する株式は分母および分子から除く）である。

れ得るティアーⅡが存在する。ティアーⅠ・ティアーⅡのいずれの場合においても、日本法上の公開買付規制とは異なる米国証券法上の別途買付禁止のルールの適用を免れることができるため、一定の実務的な需要があると思われる。

なお、米国証券法が適用されたとしても、日本の金融商品取引法を遵守していれば満たされる規制が多く、一方で、クロスボーダー・エグゼンプションを利用したとしても、公開買付説明書やプレスリリースの英訳を免れるわけではないことから、実務上は、米国証券法の遵守事項にすべて準拠して公開買付けを行っている場合も多いと思われる。

② 米国証券法の適用回避

米国証券法上の公開買付規制の適用（およびそれに伴う英訳等のコスト）を回避するため、対象者に米国居住株主が存在する場合であっても、公開買付開始公告等に、当該公開買付が米国内においてもしくは米国に向けて行われるものではなく、米国の郵便その他一定の方法・手段を利用して行われるものではない旨を記載し、実質的に米国居住株主からの応募を制限することにより、米国証券法は適用されないという前提で公開買付けを行っている例がみられる[9]。このような措置をとる場合には、米国居住株主からの応募は事実上制限されるため、公開買付けにおいてより多くの株式取得を目指す公開買付者としては、米国居住株主からの応募がなくても問題はないかという観点から、米国株主比率を把握する必要があるであろう。

---

[9] なお、買付け後の議決権所有割合が3分の2以上となる公開買付けにおいてこのような記載をすることが、全部勧誘義務（**図表6-1**の「公開買付者の義務」の①参照）に反するのではないかということが問題となり得るが、あくまで一定の場所、方法および手段による勧誘を行っていないというにとどまり、また、米国の株主であっても、このような制限に触れない形での応募は可能であるから、全部勧誘義務に違反しないと考えても不合理ではないであろう。

> **事例6-2** 公開買付けに関する契約
>
> 平成29年1月6日、デューディリジェンスおよび入札手続を経て、S社から独占交渉権を得たP社は、S社側との具体的な契約交渉に臨むことになった。P社は、非上場会社の買収取引であれば過去数回行った経験があったが、上場会社の買収は初めてであったので、法律事務所に必要な契約書の構成、留意点、非上場会社の買収契約との違いなどについて相談した。

3　公開買付けに際して締結する契約

(1) 公開買付者と大株主との間の応募契約

　公開買付けが行われる場合、公開買付者となる者と対象者の特定の大株主との間で、公開買付者が一定の条件で公開買付けを実施することを約束し、大株主はかかる公開買付けが実施された場合には、一定数の株式について公開買付けに応募することを約束する契約が締結されることが珍しくない。このような契約は、一般的に「応募契約」と呼ばれている。

　S社は、T社の発行済株式の51％を所有する大株主であり、本件取引は大株主と公開買付者との間で対象者の支配権を移転すること自体を目的とするものであるから、S社が公開買付けに応募することが当然の前提となっている。P社としては、事前にS社と公開買付けの条件（特に買付価格）を交渉し、S社が確実に公開買付けに応募してくれることを確認しないと、多額の費用を要する公開買付けの実施に踏み切ることができないため、本事例で応募契約を締結することは実務上必須であろう。

第6章　公開買付け

　応募契約は、公開買付者と大株主との間の株式売買契約に近い性質を有する。そのため、株式譲渡契約において一般的に見られる表明保証や誓約事項など種々の条項が規定され、契約の構成は株式譲渡契約に類似することが多い。表明保証、前提条件、クロージング前の誓約事項、クロージング後の誓約事項、補償規定などについては、株式譲渡契約の説明が当てはまるため、第1章■5を参照されたい。以下①〜⑤では、応募契約で一般的に問題となる条項について説明する。

　なお、応募契約の存在および内容は、株主が公開買付けに応募するか否かを判断するにあたって重要な情報であるため、公開買付届出書の「買付け等の目的」欄等で応募契約の存在および内容が開示され、公開買付者および対象者の金融商品取引所規則に基づく適時開示としてなされるプレスリリースにおいても同様の開示が強制されまたは任意になされることになる。したがって、応募契約に記載する内容については、開示される前提で作成する必要がある。

①　公開買付者の公開買付け開始義務

　公開買付けは、公開買付者および大株主双方が納得する条件で実施される必要があるため、両者が交渉により合意した条件で公開買付者が公開買付けを実施する義務を負うことを応募契約に定めるのが通常である。公開買付けの条件として、例えば以下の事項を定めることになる。

- 公開買付価格（1株あたりの価格）
- 公開買付開始日
- 公開買付期間
- 決済の開始日
- 買付予定の株式の数
- 買付予定の株式の数の上限および下限

・撤回条件

　本件取引は大株主と公開買付者との間で対象者の支配権を移転すること自体を目的とするものであることから、P社としては、応募契約に定めるS社の義務の前提条件が充足せずに、S社がP社の公開買付けに応募しなかった場合には、公開買付けに応募した他の株主からも株式を取得せずに、公開買付けを不成立とさせたいであろう。そのため、S社が応募しなかった場合に公開買付けが不成立となるようにS社の所有割合である51％に相当するT社株式数を下限として設定することも一つの選択肢である。また、公開買付け後に一般株主のスクイーズ・アウトを予定している本件のようなケースでは、特別決議を成立させるために必要な議決権数（議決権の3分の2）に相当する株式数を下限として設定することも少なくない。

　なお、P社としては、公開買付け後にスクイーズ・アウトを予定しているため、公開買付け上限を付す必要はないが、公開買付け後におけるP社の議決権所有割合が3分の2以上となるような数の上限を付すことは法令により禁じられている（全部勧誘義務・全部買付義務。図表6-1の「公開買付者の義務」の①参照）。

②　大株主の応募義務

　公開買付者が応募契約に定める条件で公開買付けを開始した場合には、大株主が公開買付けに応募する義務を規定する必要がある。また、金融商品取引法では、公開買付けに応募した株主が公開買付期間中いつでも応募を撤回することを認めているが、応募義務と同様に、応募を撤回しない義務も定める必要がある。

　実務上、応募義務（応募を撤回しない義務を含む）が免除される場合を例外として認めるか、認めるとしてどのような場合に例外を認めるかということが交渉になることがある。

第 6 章　公開買付け

　例えば、P 社が応募契約に従い公開買付けを開始したものの、かかる公開買付期間中に第三者（C 社）が、P 社の公開買付価格よりも高い価格で公開買付けを開始した場合（このような C 社の公開買付けを一般に「対抗公開買付け」という）には、S 社としては、C 社の対抗公開買付けに応募できれば、より高い金額で T 社株式を売却でき、自己の利益に資することになる。それにもかかわらず、S 社が、P 社と応募契約を締結していることを理由に P 社の公開買付けに応募すると、理論上、S 社の取締役が、善管注意義務違反に問われるおそれがあるといわれている。そのため、自己の取締役の善管注意義務に反するおそれがある場合など一定の場合に、応募契約上の S 社の応募義務を免除する旨の規定を応募契約に入れておくことがある。このような条項は、一般的に Fiduciary Out 条項と呼ばれている。

　P 社としては、当然ながら、Fiduciary Out 条項を規定しないか、規定するにしても適用される場面が限定的となるよう交渉していくことになる。S 社としても、本事例のように S 社が入札手続を行って積極的に他の買収者も探した上で公開買付価格を含む買付条件が一番有利な 1 社に決めたのであれば、S 社が Fiduciary Out 条項のない応募契約を締結することが、S 社の取締役の善管注意義務に違反することは通常考えがたい。

　なお、P 社としては、Fiduciary Out 条項を入れることを受け入れる代わりに、S 社が Fiduciary Out 条項に基づき P 社の公開買付けに応募しなかった場合に S 社が一定の違約金を支払う旨の条項（いわゆる Break-up Fee 条項）を求めることも選択肢として考えられよう。

③　表明保証

　表明保証条項については、第 1 章■5 で説明した内容が妥当する。なお、公開買付けが強制される取引では、対象者は有価証券報告書提出義務を負う会社であり、また、そのほとんどが上場会社である。と

りわけ、上場会社においては、金融商品取引法や各証券取引所の規則に従った開示を通じてリスクが開示されていることに加えて、大株主から独立した経営が行われており、大株主による経営への関与が限定的であることも多い。そのため、大株主からは、対象者について表明保証をすべき立場にないとして、対象者に関する表明保証はできない、または対象者に関する表明保証は最低限に限定すべきと要求されることもある。しかしながら、P社としては、あくまで表明保証は、価格を決定した前提が異なった場合のリスクの分担の問題として（買収した株式の価値が実は公開買付価格に見合うものではなかったことが契約締結後に判明したときのリスク分担の問題として）、可能な範囲で表明保証を求めていくことになろう。

なお、応募契約の中でS社の表明保証違反があった場合において、S社が補償義務を履行したときには、S社のみが公開買付価格よりも低い価格で買付けを行っていると見ることもできるため、公開買付価格を均一の条件にしなければならないという原則（図表6-1の「買付条件に係る規制」の③参照）に実質的に違反しないかという点が一応問題となる（いわゆる価格の均一性の問題）。もっとも、表明保証違反を理由とした補償義務を公開買付価格の減額ととらえる必然性はなく、実質的にも、他の一般株主に何らの不利益も与えず、株主間の公平性を害するものではないため、実務的には公開買付価格の均一性に違反するものではないと解されている。

④ 議決権に関する合意

公開買付けの決済の前に対象者の株主総会の基準日が到来する場合には、応募契約に公開買付け直後の株主総会における議決権行使に関する合意がなされることもある。今回の想定スケジュールでは、平成29年3月末までに決済が完了し、定時株主総会の基準日である3月31日には、P社がT社の支配株主となっていると思われることから、

この規定の必要性は高くないが、公開買付期間が延長された場合など3月末までに公開買付けが完了しない場合や公開買付けの決済が完了する前に臨時株主総会の基準日が設定された場合に備えて、P社としては、このような規定を入れておくべきであろう。

⑤ その他（取引の継続、再取得）

本件では、P社がT社を完全子会社化した後、P社にT社の総議決権の5％に当たる株式を取得してもらう予定であるため、応募契約または応募契約とは別の契約中に、再取得の時期、株式数、再取得の価格に関する考え方など現時点で決まっている内容を規定しておくことになる。なお、株式併合でスクイーズ・アウトを行うこととなった場合、T社の発行済株式総数に変動があることから、株式数を定める場合であっても具体的な株式数ではなく、株式所有割合や議決権所有割合で規定しておくことになろう。また、1株あたりの取得価格についても株式数の変動その他公開買付け後の事情により影響を受けるため、価格の考え方を記載することになる。なお、再取得の取得価格については、公開買付価格の均一性の問題（図表6-1の「買付条件に係る規制」の③参照）があり、応募契約締結から再取得時までの事情変更により価格の調整が全く不可能というわけではないと考えられるが、基本的には公開買付価格と（実質的に）同額とすべきである。

また、今回の再取得は、重要な取引関係の継続が一つの目的であることから、T社がS社の子会社でなくなった後も、S社がこれを継続する義務を応募契約上も約束しておくことになるであろう。

(2) 公開買付者と対象者との間の契約

友好的な公開買付けにおいては、公開買付けの開始に先立って、公開買付者と対象者との間で当該公開買付けに関する契約が締結される

ことがある。基本的な内容は、公開買付者が両者で合意した条件に従って公開買付けを開始する義務を負い、そのとおり公開買付けが開始された場合には対象者が賛同意見を表明しこれを維持する義務を負うというものである。もっとも、S社のような大株主が主体となって入札手続を実施している場合には、このような契約を締結することは一般的とまではいえないため、必要に応じて応募契約の中で対象者の賛同意見表明を前提条件とすることや、賛同意見表明を得るために大株主にも協力してもらう義務を規定することで対応することも考えられる。

　本事例と異なり、公開買付け実施後も対象者が上場を維持する場合には、対象者から公開買付者に対して公開買付け後の両者の関係性に関して契約締結を求められることもある。

　なお、公開買付者と対象者との間の契約は、公開買付届出書の「公開買付者と対象者又はその役員との間の合意の有無及び内容」欄等でその存在および内容が開示される。また、金融商品取引所規則に基づく適時開示のためのプレスリリースでも同様の開示がなされる。

column 6-3　インサイダー取引規制

　公開買付規制に加え、公開買付けを行うにあたって留意が必要な規制として、インサイダー取引規制がある。関連するインサイダー取引規制には、以下の2つの類型が存在する。

①　公開買付けの実施または中止の事実に関するインサイダー取引規制

　金融商品取引法は、公開買付者の関係者や情報受領者が、上場株式に対する公開買付けの実施または中止に関する未公表の事実を知りながら、当該公開買付けの対象となる株式の売買等をすることを禁止している。そのため、別途買付禁止の対象外である公開買付期間前であっ

ても、公開買付けの実施の事実を知っている者については、インサイダー取引規制により対象者株式の売買等が禁じられる点に留意が必要である。なお、公開買付けの「実施」に関する事実とは、公開買付けの実現を意図して公開買付けまたはそれに向けた作業等を会社の業務として行う旨の決定がされれば足り、公開買付けの実現可能性があることが具体的に認められることは要しないと考えられているため、保守的には、会社として公開買付けの検討を開始した後は、公開買付けの「実施」に関する事実が生じたと考えておくべきであろう。

また、公開買付者が、公開買付開始公告を行う前に、第三者による対象者株式の公開買付けや買集めの計画を知ってしまった場合も、当該第三者が買集めの計画について公表するまでは原則として対象者株式を取得できないこととなる。そのため、公開買付者が、インサイダー取引規制に違反せずに公開買付けを行うためには、公開買付けを開始するにあたり、自己の公開買付開始公告および公開買付届出書に当該第三者による公開買付けや買集めの計画について記載するか、そうした計画を知ったときから6か月が経過するのを待つなどして、インサイダー取引規制の適用を排除する必要がある。

② 対象者の重要事実に関するインサイダー取引規制

金融商品取引法は、公開買付者の関係者および情報受領者が、対象者の未公表の重要事実を知りながら、当該対象者の株式の取引を行うことを禁止している。公開買付けの場面においては、公開買付者が公開買付けの検討を行う過程で対象者の重要事実を入手することもあり得るが、そのような場合にもインサイダー取引規制の適用が問題となり、対象者が当該重要事実を公表しない限り、原則として公開買付者が対象者株式を取得することはできなくなる。そのため、公開買付者がインサイダー取引規制に違反せずに公開買付けを行うためには、公開買付けの開始までに、対象者に当該重要事実（まだ検討段階にすぎない場合には、その時点の検討状況）を開示してもらうことが必要になる。

3 公開買付けに際して締結する契約

事例6-3 公正性担保措置・利益相反回避措置

　P社は、平成29年2月1日に、S社と応募契約および株主間契約を締結した上で、同月2日、公開買付価格を1,000円、公開買付期間を30営業日（3月15日まで）とする公開買付けを開始した。公開買付価格1,000円は、公開買付開始日の1か月前から前日までの市場株価の平均値をとった価格（800円）に25％のプレミアムを乗せた価格であった。応募契約には、Fiduciary Out条項は含まず、応募された株式の割合が67％に満たない場合にはすべての買付けを行わない旨の規定（買付予定数の下限設定）が置かれていた。また、株主間契約には、スクイーズ・アウト後にP社がS社に5％分のT社株式を公開買付価格と実質的に同額で譲渡するという内容の規定が置かれていた。他方、T社は、公正性を担保するための措置および利益相反を回避するための措置として、独立した第三者算定機関から株式算定書を取得し、独立した法律事務所から助言を受け、意思決定にあたっては、S社から派遣されているT社取締役の関与を排除し、さらに、独立社外取締役2名および社外監査役2名で構成される特別委員会を組成して、特別委員会から少数株主にとって不利益ではない旨の意見を取得した。なお、P社は、平成29年2月2日に、公正取引委員会に対して、事前届出を行うとともに待機期間短縮の申請を行っている。

　その後、公開買付期間中である2月17日に、P社は、アクティビスト・ファンドであるF社から公開買付価格に関するクレームが記載された書簡を受領した。同書簡には、昨今の一時的に低迷したT社株価を前提に株式価値が算定されており、T社株価が、2年前には1,100円、1年前には980円であったことを考えると、

公開買付価格が不当に安く抑えられていること、特別委員会を構成するメンバーのうち社外監査役2名については、S社およびT社からの独立性に疑問があり手続の公正性が担保されていないこと、S社による再取得が予定されていたためにS社の意向で公開買付価格が不当に低廉に抑えられていること、入札手続においてもっと幅広く国内外の投資家に声をかけていれば、少なくともT社株式1株あたり1,500円以上の価格がついたであろうと考えられること等が記載されており、結論として、公開買付価格の引上げを求め、仮にそれが認められない場合には、法的措置も辞さないと記載されていた。なお、同趣旨の書簡は、S社やT社にも送付されており、F社は自社のウェブサイトにもこれらの書簡を掲載した。また、F社は、T社への書簡において、株主名簿の閲覧も求めている。F社が自社のウェブサイトにこれらの書簡を掲載したことが新聞報道されたことにより、P社の公開買付価格を上回る価格を提示する買収者が出てくるのではないかとの憶測から、公開買付けの公表と同時に公開買付価格である1,000円にさや寄せしていたT社の株価は、一時1,050円まで高騰した。P社は、今後F社がとってくると思われる行動などF社に対する対応について、法律事務所に助言を求めることとした。

■ 4　公正性担保措置・利益相反回避措置

(1) 概　説

　上場廃止となる見込みのある公開買付けや、MBO（Management Buyout）[10]または支配株主による公開買付けに関して応募することを勧める意見表明をする場合、その他特に意見表明の公正性を担保する

必要があると判断される事情がある場合には、公正性を担保するための措置の内容を開示する必要がある。また、MBO または支配株主による公開買付けに関して応募することを勧める意見表明をする場合、その他特に意見表明に関し利益相反を回避する必要があると判断される事情がある場合には、利益相反を回避するための措置の内容を開示する必要がある。

本事例では、一般株主をスクイーズ・アウトし、上場廃止となる見込みであるため、少なくとも公正性を担保するための措置の内容を開示する必要がある。また、S 社のような支配株主からの株式取得を前提に行われる公開買付けについて意見表明を行う場合には、T 社は T 社による意見表明を行うことの決定が少数株主にとって不利益ではないことに関する意見を取得する必要がある。さらに、本件では、S 社が T 社株式を再取得することを予定しており、他の少数株主と S 社の利害関係が異なるように見えなくもないことから、利益相反の疑いを回避するべく、S 社から派遣されている T 社取締役は、取締役会決議や本件の協議・交渉に関与させないという措置を採ることが望ましい。

これらは、原則としては、T 社（究極的にはその株主）に対して善管注意義務を負う T 社取締役が、少数株主の利益も考慮した上で検討すべき問題であるが、とりわけ F 社のような少数株主が存在する場合には、クレームがなされる現実的なリスクがあり、P 社としても T 社がこれらの措置を適切に講じているかどうかは関心事となる。

(2) 本事例における対応

完全子会社化を企図する取引を行う場合には、少数株主からこのような書簡を受領することも珍しくはない。特に F 社のようなアクティ

---

10)　公開買付者が対象者の役員である場合や、対象者の役員の依頼に基づき対象者の役員と利益を共通にする者である場合をいう。

ビストファンドが株主である場合には、このようなクレームを受けることも想定しつつ、公開買付価格の決定その他の手続を進める必要があったが、本件においても、マーケットにおける同種事例の実務も考慮した上で、T社は公正性担保措置や利益相反回避措置を履践してきた。

　書簡から窺えるF社の意図としては、一次的には、①公開買付価格を引き上げることにあるであろう。また、②F社（またはその協力者）がより高い価格で対抗公開買付けを行ってくる可能性も完全には否定できない。さらに、③T社に対して株主名簿の閲覧を求めていることからすると、他の株主にコンタクトをし、公開買付けへ応募せずにスクイーズ・アウトに反対するよう呼びかけることや、メディアを通じて公開買付価格の不当性を訴えることも考えられる。F社は、「法的手段」も辞さないことも記載しているが、F社が採り得る法的な手段としては、④スクイーズ・アウトの対価の額を争うこと[11]、⑤株式等売渡請求または株式併合の差止請求をすること、⑥株式等売渡請求または株式併合の効力を争うこと[12]、⑦T社取締役およびT社に対して損害賠償を求めることなどが考えられる。

　まず、①については、一部株主からのこのような指摘があり得ることは当然予想できたはずであるから、P社としても、書簡を受領したので直ちに公開買付価格を引き上げるということにはならないであろう。また、②については、総議決権の51％を有するS社が応募契約においてP社の公開買付けに応募することになっており、同契約にFiduciary Out条項も含まれていないことから、P社による公開買付期間中に対抗公開買付けが開始されたとしても、支配権を取得することは

---

[11] 株式等売渡請求の場合には、売買価格の決定申立ての制度（会社法179条の8）があり、株式併合の場合には、1株未満の端数の買取請求（同法182条の4）および買取価格の決定申立ての制度（同法182条の5）がある。

[12] 株式等売渡請求の場合には、売渡株式等の全部の取得の無効の訴えの制度（会社法846条の2）があり、株式併合の場合には、株式併合を承認した株主総会決議取消しの訴えの制度（同法831条）がある。

困難と考えられる。しかし、P社の公開買付けには、67％という買付予定数の下限設定があるため、このままT社株価が公開買付価格を上回る状態が続くと、S社以外の株主の応募が見込めず、公開買付けが不成立になってしまうリスクがある。したがって、株価の動向によっては公開買付価格引上げの選択肢も考慮しつつ、当面は、F社に対して、一般に公正と認められる手続を経て決定した公正な価格である旨の返信を行い、③の点に関するF社の様子を窺いつつ、必要に応じて、追加説明を行うことを検討すべきと思われる。

また、本書では詳述をしないが、⑤の差止請求や⑥のスクイーズ・アウトの効力を争う訴え、⑦T社取締役およびT社に対する損害賠償請求は、本事例のようにマーケットにおける同種事例の実務と同等の措置を講じている場合には、これが認められる可能性は通常低いと考えられる。現実的にF社が行ってくる可能性が最も高いのは、④スクイーズ・アウトの対価の額を争うことであるが、この点については、事例6-4 を参照されたい。

事例6-4　価格決定申立て

F社からのクレームを契機としたT社の株価の高騰は一時的なものにとどまり、再びT社の株価は公開買付価格にさや寄せするようになった。その後、P社は、平成29年2月24日に、公正取引委員会から排除措置命令を行わない旨の通知書および待機期間短縮の通知書を受領したため、結局、P社が実施した公開買付期間は当初の予定どおり平成29年3月15日に満了し、3月23日に公開買付けの決済が行われ、P社のT社に対する議決権所有割合は92.4％となった。議決権所有割合が90％以上となったので、スクイーズ・アウト手続は株式等売渡請求の方法によることと

なった。3月28日にP社は株式等売渡請求を行う旨の取締役会決議を行い（会社法179条）、同日付けでT社取締役会はこれを承認し（同法179条の3）、関連法令および上場規程に従い、株式等売渡請求手続が開始された。売渡対価は公開買付価格と同額の1株1,000円、P社による売渡株式（株式等売渡請求の対象となる株式）の取得日は5月8日、売買対価の支払期限は8月8日にそれぞれ設定された。

他方、公開買付期間中から今回の公開買付価格にクレームをつけていたF社は、4月28日に東京地方裁判所に対し価格決定申立てを行った（会社法179条の8）。そこで、P社のプロジェクトチームは、今後の対応方針について法律事務所に助言を求めることとした。

5 価格決定申立て

(1) 概　要

スクイーズ・アウト（とりわけキャッシュ・アウト）は、買収者からすれば、少数株主が残存することによる利益相反の問題を回避したり、対象者の上場維持に伴う費用を避けたりするために一定のニーズがある一方、対象者の事業に継続的に投資することを望む株主の意思に反して、株主を対象者から強制的に退出させるという側面を有する。そのため、少数株主保護の観点から、少なくとも、少数株主がスクイーズ・アウトの対価を争うことができる制度が用意されており、本件のように株式等売渡請求の場合には、売渡株式等の売買価格の決定の申立て（会社法179条の8、以下「価格決定申立て」という）が存在する。価格決定申立てをする場合には、取得日（5月8日）の20日前の日から

取得日の前日までの間に裁判所に対して行う必要がある。

価格決定申立ては、通常の訴訟のように、原告となる当事者が被告となる一方当事者に対して訴える「訴訟」事件ではなく、原則として申立人のみが当事者となる「非訟」事件である。もっとも、裁判所が仮に株式等売渡請求の対価である 1,000 円よりも高い価格を認定した場合には、P 社は、F 社に対して、差額分の支払義務を負うことになり、利害関係を有することから、P 社は利害関係参加の申立てをして、かかる裁判手続に加わるべきである[13]。なお、仮に価格決定申立てがなされたとしても、取得日時点で P 社が T 社の議決権の 100％を所有することになり、F 社との関係で追加の支払義務を負うかどうかという点のみが残ることになる。

(2) 価格決定申立ての争点

売買価格の決定申立てがなされた場合、裁判所はその裁量により価格を決定することができるが、近時の裁判所は、一般に公正と認められる手続により公開買付けが行われた場合には、その価格を尊重するという立場をとっている。「一般に公正と認められる手続」は、主として T 社の実施する公正性担保措置や利益相反回避措置が中心となるので、T 社の協力も得ながら、実質的にも「一般に公正と認められる

---

[13] 株式等売渡請求は、特別支配株主である P 社が直接 T 社の少数株主から株式を買い取るという手続であるため、利害関係参加人として手続に参加できるのは P 社である。これに対して、株式併合は、あくまで対象者である T 社の手続であることから、利害関係参加人として手続に参加できるのは T 社となる。スクイーズ・アウト手続によって、手続に参加する主体は異なるものの、スクイーズ・アウトの対価である 1,000 円よりも高い価格を認定された場合には、（P 社が直接支払義務を負うか子会社となった T 社が支払義務を負うかに違いはあるものの）いずれにしても不測の出費を余儀なくされる点に実質的な差異はない。

手続」を履践したことを主張していくことになる。

(3) 実務上の論点（仮払い）

　株式等売渡請求は、効力発生日（5月8日）に売渡株式の売買の効力が発生するため、原則として、効力発生日に株式等売渡請求の対価を支払う必要がある。一方、株式等売渡請求は、実質的には売買契約としての性質を有するため、売買の条件である支払いの期限を別途定めることも可能と解されており、本件では、8月8日を支払期限として定めている。しかしながら、価格決定申立てをしたＦ社との関係では、同社は、かかる売買条件（支払期限）も含めて反対していると考えられるため、原則論に戻り効力発生日に対価を支払う義務を負っていると解される。その場合、売買価格に対して株式等売渡請求の効力発生日以降「年6分」という（昨今の日本の金利水準を考えると）高い利息の支払いをしなければならない。一方、特別支配株主Ｐ社は、公正な売買価格と認める額を仮払いすることが認められており（会社法179条の8第3項）、支払った仮払金に係る利息の限度で利息を発生させないことが可能である。本件では、Ｆ社保有のＴ社株式につきＰ社が公正な売買価格と認める額は1株あたり1,000円であることから合計約25億円であり、仮払いをしない場合には1日あたり約41万円の利息が発生するため、株式等売渡請求の効力発生日後実務上可能な限り速やかに仮払いを行うことが望ましい。そのため、価格決定申立てがなされる前からＦ社に対して、その意向を確認した上で、支払口座の確認その他仮払いに関する交渉をしておくことも考えられる。なお、仮に仮払いについてＦ社との協議が速やかに進まない場合には、実質的には債権者の受領拒絶に該当すると判断して、弁済供託（民法494条）を行うことによって仮払金に係る利息の発生を防ぐことについて合わせて検討することも考えられる。

> **column 6-4** LBO の概要・株式譲渡契約に係る留意点
>
> 　買主が対象会社の株式を現金で買収する場合、買主がその買収資金全額を自己資金により賄うのでない限り、自己資金を超える部分については外部から調達する必要がある。買主が事業会社の場合は、自己資金に加えて、自社の信用に基づくコーポレート・ローンや社債等で買収資金を調達することが多いが、買主が投資ファンド（プライベート・エクイティ・ファンド／PE ファンドなどとも呼ばれる）の場合は、自己資金に加えて、対象会社の資産を担保に入れたアクイジション・ローンや優先株式等で買収資金を調達することが多い。後者のような資金調達方法は、「LBO ファイナンス」と呼ばれる。LBO とは、「レバレッジド・バイアウト（leveraged buyout）」の略称であり、買主が、自己資金（エクイティ）に金融機関等からの借入れ等（デット）を組み合わせてレバレッジ効果を利用する買収（バイアウト）の手法である。LBO の手法によれば、自己資金額を大きく超えた規模の企業買収が可能となるほか、レバレッジ効果により、投資リターンを高めることができる（他方、投資のリスクは大きくなる）。
>
> 　非公開会社の株式譲渡において LBO ファイナンスが用いられる場合の通常の流れは以下のとおりであり、買収 SPC および対象会社の資産およびキャッシュフローのみを引き当てとした（つまり、スポンサーは買収 SPC へ出資した限度でしか責任を負わない）、いわゆるノンリコース・ローンが用いられることが多い。
>
> ① 実質的な買収者（スポンサー）が 100％子会社（買収 SPC）を設立して、自己資金を株式の形で出資する。
> ② 買収 SPC が金融機関等との間でローン契約等を締結する。金融機関等が複数となる場合（シンジケート・ローンと呼ばれる）や、メザニン・ファイナンス（通常の借入れと普通株式の間の「中二階」を意味し、劣後ローンや優先株式等の形をとる）が用いられる場合もある。
> ③ ②と並行して、買収 SPC が売主との間で株式譲渡契約を締結す

第6章 公開買付け

る。
④ 株式譲渡の実行後、買収SPCが、対象会社の全資産に担保を設定するとともに、対象会社と合併する。

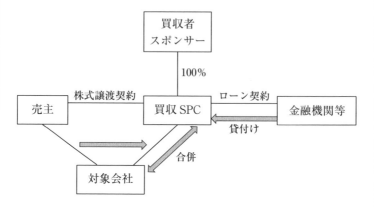

LBOが行われる場合、株式譲渡取引の交渉や実施に際し、売主および買主は、それぞれ以下のような点を考慮する必要がある。

・買主としては、株式譲渡契約を締結したにもかかわらず、資金調達ができないために取引の実行ができないという事態を極力避けるため、株式譲渡契約の締結と同時に、金融機関等との資金調達のための契約を締結するか、または、少なくとも株式譲渡契約の締結時点で、金融機関等から融資に係るコミットメント・レターをもらう等、資金調達の目処を付けておくことが多い。
・売主としても、株式譲渡契約を締結したにもかかわらず、買主において資金調達ができないために取引の実行ができないという事態を極力避けるため、株式譲渡契約の締結に際し、金融機関等との資金調達のための契約の締結や金融機関等からの融資に係るコミットメント・レターの取得および提示を買主に求めることも少なくない。
・株式譲渡契約における取引実行の前提条件に、買主において必要な資金調達ができることという項目を入れるか否か（このような前提条件は、ファイナンス・アウト条項と呼ばれる）については、

契約交渉において重要な論点となることが少なくない。売主としては、ファイナンス・アウト条項を受け入れる場合には、資金調達に向けて努力する義務を買主に課すほか、ファイナンス・アウト条項が発動されて取引の実行が行われないときには、買主から所定の損害金（リバース・ブレークアップ・フィーとも呼ばれる）の支払いが受けられるように規定することもある。

第7章

合弁会社

事例7-1　ライセンス契約更新拒絶通知

　S社は、全国的に調味料、飲料、加工食品を製造・販売している非上場の老舗食品会社であり、T社は、健康食品をメインに取り扱うS社の完全子会社である。S社は、平成15年4月に英国のP社から身体の抗酸化機能を高めるサプリメント（以下「ライセンス商品」という）の成分および商標について日本国内における製造販売のライセンスを受け、さらにT社にサブライセンスを供与した上で、T社を通じて日本市場にライセンス商品を導入した。P社とS社のライセンス契約の期間は5年間で、期間満了の3か月前までに他方当事者から別段の意思表示のない限り、契約期間がさらに5年間自動更新される（その後も同様）となっており、現在の有効期間は平成30年3月31日までとなっている。ライセンス商品の製造は、T社から製造委託を受ける形で国内に製造設備を有するS社が担当している。導入当初3年間は、S社は、P社が英国で販売しているものと同じ商品を店頭で販売していたが、サプリメントの粒が大きくて飲み込みにくいという理由で評判が良くなく、販売が低迷していた。そこで、平成18年に、T社は、ライセンスされた技術を元に小柄な日本人にも飲みやすいよう粒の小型化や形状変更を行うなど商品性に工夫を施すとともに、店頭販売を止め、1か月の試用期間分の製品を廉価で提供するという通信販売の方式を採用したところ、折からの健康ブームの追い風もあり、それ以降年々売上が倍増し、ライセンス商品は、今やT社の売上の約7割を占めるに至っている。T社には、S社から転籍した従業員が多数いるほか、数名のS社社員が出向して要職につきT社の業務にあたっている。

　平成29年6月下旬、P社が平成29年10月1日付で米国の製

薬会社であるU社に買収されることで合意したとの公表がなされた。英国のみに拠点を置くP社とは異なり、U社は、日本を含むアジア圏にも拠点を有しているグローバル企業である。

　平成29年12月下旬、S社は、P社から平成30年3月31日の契約期間満了をもって、S社とのライセンス契約を更新しない旨の通知を受領した。突然の通知に驚いたS社は、P社の担当者に連絡したところ、P社の親会社であるU社は、ライセンスでビジネスを行うよりも、自ら海外拠点を立ち上げて事業を展開するビジネスモデルを採用しており、ライセンス商品を含めたP社の商品を自らの子会社を通じて日本で展開することを検討しているとの説明を受けた。

　S社としては、日本市場でのS社のノウハウやマーケティング力を活用し、日本におけるライセンス商品のブランドの知名度をここまで高めてきたにもかかわらず、ライセンス契約の終了に伴いこの事業を失うことは納得できないと考えた。そこで、どのように対処すればよいか、顧問の法律事務所に相談することにした。

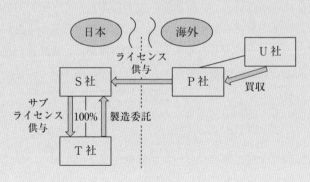

■1　ライセンス契約の更新拒絶

　海外で事業を展開している企業（本事例ではＰ社）がいきなり自ら日本市場に進出するにはリスクが大きいと考える場合、日本企業（本事例ではＳ社）にライセンスを供与して間接的に日本市場で事業展開するという例はよく見られる。そして、日本市場での事業が軌道に乗り魅力が増したり、あるいは、本事例のように買収などにより経営方針が急に変更されたりして、海外のライセンサーが自ら日本市場で事業を行うためにライセンス契約の終了を申し入れてくる例も時々見られる。ブランドの世界展開を考えた場合、ライセンスを付与するよりも自ら事業を行う方が経営の自由度が高い上に、成功すれば利益率も高いこともこのような傾向の背景にある。他方、ライセンスを受ける側からすれば、長期間かけて価値を高めたブランドをライセンス契約の終了により失うことになり、損失は少なくない。そこで、ライセンシーとしては、ライセンス契約の締結にあたって、ライセンス期間をできるだけ長く確保できるよう交渉するが、ライセンス期間を無期限とするわけにはいかないので、更新後の契約期間を長くとったり、更新拒絶通知のタイミングを前倒ししたりして契約終了に備えるための期間を確保できるようにすることもある。本事例では、更新後の契約期間は５年間で、更新拒絶通知のタイミングは契約期間満了の３か月前となっている。

　本事例のように長期間継続した契約の終了（いわゆる継続的契約の終了）については、たとえ契約の解除条項に基づくものであっても、判例上被解除者保護の観点から一定の制約が課されており、事情によっては、裁判所が解除者に対して被解除者への一定の補償金の支払いを命じることもある。Ｓ社としては、Ｐ社に対し、日本の判例上、継続的契約の終了が制限されていることを指摘し、補償金の請求や契約終了

までの期間の延長を求めることもできよう。

■2　反対提案の作成

(1)　反対提案の作成方針

　本事例の事実関係の下で、継続的契約の終了についての判例上の主張以外の対処方法について考えてみよう。

　この場合、U社のビジネスモデルを前提とすると、日本市場で直接事業を展開したいというP社（あるいはU社）の要望を押し戻すことは容易ではない（あるいは、一時的に押し戻せたとしても長続きしない）と推測される。そこで、P社（あるいはU社）の要望を聞き入れつつ、S社が、ブランドの知名度を高めたこれまでの功績について経済的な対価を得ることができ、また事業の喪失に伴う損失を食い止められるような提案を考えるのが現実的であろう。

(2)　S社による商品性改善の技術

　本事例では、平成18年以降、S社は、ライセンスされた技術を元に小柄な日本人にも飲みやすいようサプリメントの粒の小型化や形状変更を行うなど商品性に工夫を施している。P社が、S社とのライセンス契約を終了させ、自ら日本市場に直接参入したとしても、この商品性改善の技術はS社に帰属しているので、P社が当然に利用できるわけではない。そのため、P社がS社のように日本市場で受け入れられるような商品を直ちに準備できるかどうかは不明である。S社としては、このような日本市場の状況をP社に説明し、S社の商品性改善の技術をP社に譲渡して譲渡対価を受け取ることや、S社がP社から製造委託を受けることなどをP社に要求することもできよう。

(3) T社の顧客情報

平成18年以降のT社の業績の伸長は、商品性の改善に加えて、通信販売方式に切り替えたことにも起因している。通信販売方式の場合、T社が顧客情報を直接保持することになり、この顧客情報がないと事業が成り立たない。本事例において、P社がライセンス契約を終了させても、当然にT社が保有する顧客情報の引渡しを求めることはできない。T社からP社への顧客情報の引き継ぎがなされないと、P社は一から日本市場を開拓しなければならなくなるのみならず、T社を通じてライセンス商品を購入していた顧客から見れば、P社によるライセンス契約の更新拒絶により自分が定期的に購入していた商品がスムーズに届かなくなるかもしれないという状況に陥るわけであるから、結局P社のブランド価値が毀損するおそれがあることになる。S社としては、この顧客情報は日本におけるブランド価値の源泉であることを説明し、これをP社に譲渡する代わりに譲渡対価を受け取ることをP社に要求することもできよう。

(4) 合弁会社化の提案

上記のとおり、本事例においては、S社の立場からライセンス契約の終了に伴い一定の補償金や譲渡対価を得るための交渉の梃子がいくつかあることが分かる。これを一歩進めて、ライセンス商品を取り扱っているT社をS社とP社の合弁会社にするという提案もありえよう。補償金や譲渡対価を受け取ったとしても、事業の約7割を失うT社については大幅な人員削減を行う必要があるし、通信販売のために開発・構築したシステムも無駄になってしまうところ、T社を合弁会社化してT社が引き続きライセンス商品を取り扱うことができれば、これらのいずれも回避できる。T社を合弁会社化せずにT社の全株式を

P社に売却するという選択肢もあるが、突然外資系企業に買収されることになるT社の従業員（特にS社から転籍した従業員）の不安を緩和するという理由に加え、S社からT社には、数名の社員が出向して要職につきT社の業務にあたっており、これらの出向社員は出向期間を終えれば最終的にはS社に復帰することになるので、業務の引き継ぎを考えると、一定の移行期間を設けることが望ましいという理由から、本事例においては、T社の合弁会社化という提案は合理的な選択肢であるといえる。

> **事例7-2　合弁会社化の提案**
>
> 　法律事務所からの助言を受け、S社はP社に対し、ライセンス契約を終了させるだけではP社が日本市場での事業を承継することは困難であることを説明して、現行のライセンス契約をS社からT社に移転させた上で、将来的にはT社の全株式をP社に譲渡してもよいが、その前段階としてT社を合弁会社（持株比率は、P社70％、S社30％とする）にすることを提案した。
> 　S社の説明を受けたP社は、自らの日本子会社にも日本市場の状況を確認した結果、T社の合弁会社化の提案を合理的かつ検討に値するものであると考えるに至った。そこで、S社とP社は、平成30年2月中の妥結を目標として、T社の合弁会社化の交渉を行うことになった。

第 7 章　合弁会社

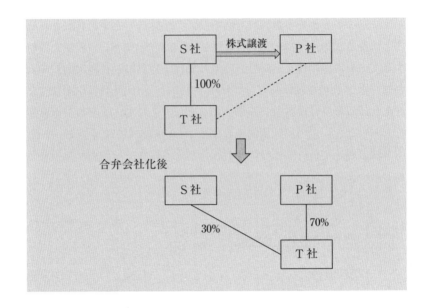

■3　合弁契約の内容

(1)　スキームの検討

　合弁事業は、複数の当事者間で行う共同事業を意味し、その形態は様々であるものの、それぞれの当事者が、資本上の提携、技術上の提携、共同開発に関する提携、生産・製造における提携、販売に関する提携などを行い、お互いの強みを補完し合うことで、自社の競争力を高めることを目的としたり、リスクの高い事業の場合には共同で当該事業を行うことでリスクをシェアしたりするという意義がある。提携の方法は、単に当事者が契約のみで行うもの（業務提携）もあれば、複数の企業が相互に出資を行う合弁会社を通じて行うもの（資本提携・合弁）もある。

　業務上の提携としては、例えば本件では、P 社はライセンス商品の

ライセンサーとして、同商品に関する製造・開発の技術を持っていると考えられ、一方で、S社（T社）はライセンス商品を日本仕様にアレンジするノウハウを持っており、両社により共同開発を行うことによって、一定のスケールメリットを得られる可能性もあるであろう。資本上の提携としては、例えば本件では、S社がT社株式の一部をP社に譲渡したり、P社がT社による第三者割当増資を引き受けたりすること等により、S社およびP社がT社の資本の取得・資本関係の構築を行い、これを前提に、資本関係構築後のT社の経営・運営に関する提携を行う方法が考えられる。

　S社は、将来的にはP社にS社が保有するT社株式のすべてを譲渡してもよいと考えており、一方で、P社は、自ら日本でライセンス商品を展開したいと考えているとのことであるから、単に契約のみによる業務提携の方法で協業を進めていくよりは、T社を合弁会社として、T社の経営・運営について共同で行いつつ、一定の期間経過後にS社がP社にT社株式を完全に譲渡するという方法がよいであろう。その場合、S社とP社との間で、①T社を合弁会社とするための資本の移動に関する合意および②資本移動後の経営・運営体制の取り決めを含んだ合弁契約を締結することになる。

　なお、P社の資本参加の方法として、T社がP社に対して第三者割当増資を行う場合には、S社、P社に加えて、T社も契約の当事者となって、三当事者で契約を締結することも考えられる。しかしながら、S社としては、長年にわたりT社の事業展開のために投下した人的・物的資本を回収したいと考えるのが通常であるから、T社によるP社宛の第三者割当増資ではなく、S社の保有するT社株式の譲渡を要求することになろう。本事例では、S社とP社の間でT社株式譲渡に係る規定を含む合弁契約を締結することを前提に検討をする。

(2) 合弁契約の概要

　合弁当事者であるP社およびS社は、今後T社の経営・運営を共同で行っていくことになるが、T社の機関設計や基本的な経営・運営方針については予め合意しておく必要性が高い。そこで、T社を合弁会社化する際に、これらの事項について両当事者間で交渉を行い、交渉の結果合意した内容を合弁契約として取りまとめることになる。

　T社について、会社法の定めるルールが単純に適用されるとすると、T社株式の70％を有するP社は、T社のすべての取締役を選任し、T社の経営を支配することができる。P社によってT社の経営が支配されれば、S社は経営に関与できず、単に資金を提供するだけの出資者になる。しかし、非上場会社であるT社株式は流動性を欠き、売却が難しいということを考えると、一定の事項についてはS社も発言権を確保したい。そこで、S社としては、合弁契約の中に、S社がT社の一定の経営事項について実質的に関与できるようにするための取り決め（一定数の取締役を派遣できる権利や一定の事項に関する拒否権等）を盛り込みたいと、P社に対して求めていく必要がある。P社としても、S社に合弁事業に参加してもらうためにも、一定の範囲でS社の要望を受け入れることになろう。

　このように、合弁契約は、会社法の定めるルールとは別に、合弁当事者が相互の交渉を通じて合弁会社に関するルールを独自に設定するものともいえる。以下では、本事例のようなケースにおいて、合弁契約の内容として一般的に検討される事項を概説する。

① 出資比率

　本事例では、S社が保有するT社株式のすべてをいきなりP社に譲渡するというシナリオではなく、当初は、P社がマジョリティ株主、S社がマイノリティ株主としてT社株式をそれぞれ保有することとし、

T社の経営・運営をS社からP社に移管した上で、最終的にS社が保有するT社株式をP社にすべて譲渡して、S社がT社の経営・運営から外れるというシナリオが想定されている。

合弁会社組成当初の出資比率は、合弁契約の中で最も重要な事項の一つであり、合弁契約で定めるその他の事項にも大きな影響を及ぼす。会社法上は、原則として、ある株主の出資比率が50％を超えれば株主総会の普通決議を単独で承認することができるようになり、出資比率が3分の2以上であれば、さらに株主総会の特別決議を単独で承認することができるようになる。合弁契約では、拒否権条項（後出⑥参照）など、こうした会社法の原則を修正するような取り決めがされることも多い。本事例では、P社が経営について主導権をとりたいと考えている一方で、S社は将来的には保有するT社株式のすべてをP社に売却したいと考えていることから、P社にT社株式の70％を譲渡しつつ、30％しかT社株式を保有しないS社が一定の事項について拒否権を持てるよう、定款変更を行って特別決議の要件を3分の2から75％に引き上げておくというのも一案として考えられる。

なお、T社が新株の発行等により資金調達を行う場合には、当初定めた各合弁当事者の出資比率が変動する可能性がある。こうした場合に、P社およびS社の出資比率が希釈化することを避けるため、合弁契約上、出資比率に応じた株式引受権を各合弁当事者に与えたり、出資比率に応じた追加出資義務を負わせたりすることが多い（後出⑧参照）。

② 出資の方法

本事例のようなケースでは、前出①の出資比率を達成するために、前述のとおり、S社が保有するT社株式の一部を譲渡する方法によることが多い。そのため、本事例の合弁契約の中には、株式譲渡契約で定められるような一定の条項を盛り込んでおくことになるだろう。典

型的には、クロージングに関する取り決め、表明保証、誓約事項、前提条件、補償、解除等であるが、詳しくは第1章を参照されたい。

③ 合弁会社の機関設計

合弁事業の実施にあたっては、P社およびS社が、どのような場を通じて、T社の運営や業務に関する事項を協議し決定していくかという点も問題となる。こうした観点から、合弁会社化後のT社における機関設計（取締役会、監査役・監査役会、任意の機関としての運営委員会の設置の有無等）を検討し、合弁会社化後にT社の定款変更等、必要な手続を実施することを合弁契約に定めることになる。この場合、何を取締役会レベルで決めて、何を株主総会レベルで決めるのかの振り分けを考える必要がある。また、法定の機関に加えて、運営委員会（steering committee）が設置されることもある。運営委員会は、各株主における合弁事業運営に関する責任者が委員として任命され、定期的に集まって合弁会社の経営方針を議論したり、マイノリティ株主側の拒否権が行使された場合に臨時に集まって意見調整を行ったりする機関である。

本事例のようなケースでは、P社が海外企業であることから、P社が指名する取締役会のメンバーの多くは、海外居住者などの非常勤取締役になると予想され、取締役会を機動的に開催することは容易ではないと見込まれる。したがって、取締役会決議事項を過度に多くすると、実務運営に支障を来し得ることを理解した上で、交渉に臨む必要がある。

④ 取締役の選解任

上述したとおり、会社法の定めるルールに従えば、T社株式の過半数を有するP社はT社のすべての取締役を選任することが可能であるが、S社はT社の経営に実質的に関与し、P社の指名した取締役を監督するため、自ら取締役や監査役を指名する権利を求めていく必要

がある。特に、T社を取締役会設置会社とした場合、会社の重要な業務執行の決定は取締役会で行われ、取締役はかかる決定のすべてに関与することになるから、取締役の選任権は、S社がT社の意思決定に関与できる度合いを大きく左右することになる。P社およびS社が指名する取締役の人数は、おおむねそれぞれの出資比率に応じて定められることが多いが、他方、取締役の総人数を過度に多くすると取締役会の招集・開催が難しくなるので、適切な人数にとどめる必要がある。本事例において、例えば取締役の総数を6名とするのであれば、P社指名が4名、S社指名が2名というのが合理的な割合と思われる。

また、S社が一定数の取締役の選任権を得たとしても、選任した取締役がS社の意思に反してP社の独断により解任されてしまうとなれば、S社が取締役の選任権を得る意味は失われてしまう。そのため、S社は、選任権とあわせて、S社が選任した取締役が不合理に解任されないよう、解任権に関する合意を求めることも多い。

S社が取締役の選解任に関する合意の効力を確保するための手法としては、以下のものが挙げられる。

図表7-1(a)のような定めを設けたとしても、P社が、T社の株主総会において、合弁契約の定めに反した議決権行使を行い、その結果S社の指名した取締役候補者が選任されなかった場合や、S社の指名に基づき選任された取締役がS社の意思に反して解任された場合に、かかる契約違反は株主総会の決議取消事由に該当せず、当該株主総会決議を取り消すことはできないと解されている。これに対し、取締役の選解任に関する合意を、図表7-1(b)のように定款に反映させておけば、定款に違反してなされた株主総会決議を取り消すことができるという利点がある。もっとも、実務上は、合弁契約に係る違反があった場合には、コールオプションやプットオプション（後出⑪参照）が発生するといった定めを置くことで合弁契約に係る違反を抑止することが多く、必ずしも常に図表7-1(b)のような定款による定めを設けるわけではない。

[図表 7-1:取締役の選解任条項の定め方]

(a)	合弁契約による定め	（取締役の選任権） ➤T 社における取締役の総数、そのうち P 社および S 社がそれぞれ指名することができる人数、ならびに各合弁当事者が指名した取締役候補者が取締役として選任されるよう他の合弁当事者が協力する義務を定めることが多い。各合弁当事者が指名した取締役候補者を取締役に選任する株主総会議案の決議において、他の合弁当事者が賛成しなければならないことを規定する場合もある。 （取締役の解任権） ➤各合弁当事者の指名に基づき選任された取締役は、（重大な任務懈怠等がない限り）指名を行った合弁当事者のみが解任を決定できることを規定する方法が普通である。
(b)	定款による定め	➤①株主総会における取締役の選解任の定足数や決議要件を加重して、S 社の賛成がなければ取締役の選解任をできないようにする方法[1]、②取締役の選解任に関する種類株式を発行する方法[2]などがある。

⑤ 代表取締役の選定・解職

会社法の定めるルールに従えば、取締役会における過半数による決

---

[1] 例えば、取締役の選解任には全株主の 75％の賛成が必要と定款に規定すれば、30％の議決権を有する S 社の賛成なくしては、取締役の選解任の決議が成立しないことになる。

[2] 例えば、T 社が A 種種類株式と B 種種類株式を発行し、取締役のうち 4 名は A 種種類株式の種類株主総会で、2 名は B 種種類株式の種類株主総会でそれぞれ選任することとし、A 種種類株式を P 社に、B 種種類株式を S 社に割り当てるといったことが考えられる。なお、種類株主総会で選任された取締役は、当該種類株主総会の決議によってのみ解任できるとされている（会社法 347 条 1 項）。

議によって代表取締役を選定・解職することができるから、P社が指名した取締役が取締役会の過半数を占めている場合には、P社が代表取締役を選定・解職できるということになる。しかし、代表取締役は、会社を代表し、会社の業務に関する一切の裁判上または裁判外の行為をする権限を有するため、T社の経営・運営を大きく左右する機関であるといえる。したがって取締役の選解任（前出④参照）と同様、S社としては、自ら代表取締役を選定できる権利や、自らが指名した代表取締役が不合理に解任されないようにするための手当てを求めることもある。

　本事例では、S社の出資比率が30％なので、代表取締役の選解任権を持たないという結論でもおかしくないが、このような場合でも、代表取締役の重要性に鑑み、P社が代表取締役を指名するにあたり、事前にS社と協議の機会を持つよう合弁契約に規定を置くことも少なくない。

⑥　合弁会社の意思決定（S社の拒否権）

　会社法の定めるルールに従うと、合弁会社化後、T社株式の70％を有するP社は、定款上別段の規定がなければ、株主総会の普通決議のみならず特別決議すら単独で承認することができる。しかし、S社としては、T社の経営・運営上、特に重要な事項について、S社の意思に反した意思決定をP社が独断で行わないように、S社の拒否権を認めるよう求める場合が多い。他方で、P社はS社よりも多額の出資を行い、T社の経営上のリスクもS社以上に負っていることや、S社が拒否権を有する事項についてはデッドロック（後出⑫参照）が生じる可能性が出てくることを考えると、P社としてはS社が拒否権を有する事項をできる限り制限したいと望む場合が多い。そのため、いかなる事項についてS社が拒否権を有することとするかは、合弁契約において重要なポイントとなる。一般的には、役員の選解任、株主総会におけ

る特別決議事項（定款変更、組織再編行為、株式に関する事項等）、業務執行上の一定の重要事項などが対象として検討される。

具体的には、以下のような事項につきS社の拒否権が認められるよう提案することが考えられる。

[図表7-2：少数株主の拒否権事項]

(a)	会社の機関・組織に関する事項	➤定款・重要な社内規定の作成・変更・廃止 ➤重要な組織・会議体の設置・廃止 ➤役員に関する事項（選解任、報酬、責任の免除、競業・利益相反取引の承認、取締役会の招集権者）
(b)	従業員に関する事項	➤重要な使用人の選解任・人員計画 ➤労働条件の決定・変更
(c)	株式に関する事項	➤株式の分割・併合・消却、自己株式の取得 ➤種類株式の新設・変更 ➤新株・新株予約権等の発行、ストックオプションの導入 ➤株式の譲渡承認
(d)	計算・配当に関する事項	➤配当・剰余金の処分の実施 ➤計算書類・予算等の承認 ➤資本金・準備金の額の減少 ➤事業年度の変更
(e)	組織再編に関する事項	➤組織再編、事業譲渡の承認 ➤子会社の設立
(f)	事業に関する事項	➤第三者との提携 ➤資金調達 ➤事業計画の策定・経営方針の変更 ➤新規事業の開始、既存事業の廃止 ➤訴訟提起・和解 ➤その他事業上の重要な事項
(g)	解散・清算に関する事項	➤解散・清算 ➤破産手続開始申立てその他法的整理手続の申立て ➤私的整理手続の申立て

また、S社が拒否権に関する合意の効力を確保するための手法としては、以下のものが挙げられる。

[図表7-3：拒否権条項の定め方]

(a)	合弁契約による定め	➢P社の同意を要する事項を契約上定めるのが一般的である。
(b)	定款による定め	➢①株主総会または取締役会における一定の重要事項の決議について定足数や決議要件を加重して、S社の賛成がなければ決議が成立しないようにする方法、②一定の重要事項については、株主総会または取締役会決議の他に、種類株主総会の決議を必要とすることを内容とする拒否権付種類株式をS社に対して発行する方法などがある。

前出④の取締役の選解任と同様、P社が、T社の株主総会において、合弁契約の定めに反した議決権行使を行い、その結果S社の意思に反した決議が行われた場合であっても、かかる契約違反は株主総会の決議取消事由に該当せず、当該株主総会決議を取り消すことはできないと解されている。これに対し、拒否権に関する合意を、図表7-3(b)のように定款に反映させておけば、定款に違反してなされた株主総会決議を取り消すことができるという利点がある。もっとも、実務上は、合弁契約に係る違反があった場合には、コールオプションやプットオプション（後出⑪参照）が発生するといった定めを置くことで合弁契約に係る違反を抑止することが多く、必ずしも常に図表7-3(b)のような定款による定めを設けるわけではない。

⑦ S社からの従業員の出向・転籍

S社は、T社の合弁会社化に伴いT社のマイノリティ株主となり、

将来的にはT社の経営・運営から外れることを想定しているから、T社の合弁会社化以降、従来からT社に出向させていた従業員を自社に復帰させることが考えられる。しかし、T社の事業運営にあたって必要なノウハウを有する重要な従業員（いわゆるキー・パーソン）が従前S社からT社に出向していたというような場合には、合弁会社化以降もT社の事業を適切に運営し、日本国内における健康食品販売事業の経験が乏しいP社がT社の事業運営をスムーズに受け継ぐために、合弁事業の開始後も一定期間出向させたり、転籍させたりするようP社がS社に求める可能性がある。このような出向・転籍を行う場合には、当該従業員の出向・転籍に係る条件について、協議することが必要となる。

⑧ 資金調達

合弁会社では、事業の遂行の過程で、追加的な資金調達の必要性が生じる場合があるが、本事例のように合弁会社が株式会社である場合、株主有限責任の原則により、合弁当事者は出資額を超えて合弁会社の債務について責任を負わない。もっとも、合弁当事者としても、合弁会社が資金不足で立ち行かなくなるのは本意ではないため、合弁契約において、一定の場合には各合弁当事者が合弁会社の資金調達に関する協力義務を負う旨を定める場合がある。本事例においても、T社において追加の資金需要が生じた場合に、P社およびS社はT社の資金調達に協力する義務を負うのか、どのような条件・方法で協力するのか等を合弁契約の交渉時に協議する必要がある。

合弁会社による資金調達の方法としては、デット・ファイナンス（借入れ、社債発行等による資金調達）とエクイティ・ファイナンス（株式、新株予約権、新株予約権付社債等の発行による資金調達）の2通りがある。

(i) デット・ファイナンス

　デット・ファイナンスに係る協力方法としては、合弁会社が金融機関等の第三者から借入れを行う際に、合弁当事者が保証や担保提供を行うという方法と、より直接に、合弁当事者自身が合弁会社に貸付けを行うという方法がある。合弁契約において、合弁当事者がこれらの協力を行う義務を定める場合には、利率、限度額等の条件を予め定めておくことが多い。デット・ファイナンスの場合には、各合弁当事者が出資比率とは異なる比率で資金調達に協力したとしても、各合弁当事者の出資比率が変動するわけではないため、出資比率に基づいて決定された合弁契約の内容（取締役等の人数や拒否権事由の範囲など）を変更する必要はないものの、実際上は、各合弁当事者は出資比率に応じて協力義務を負うとすることが多い。なお、合弁当事者自身が貸主となって貸付けを行う場合には、貸金業法上の規制に留意する必要がある。

(ii) エクイティ・ファイナンス

　エクイティ・ファイナンスに係る協力方法は、合弁当事者自身が合弁会社に追加出資するという方法になる。追加出資について定める場合には、追加出資により各合弁当事者の出資比率が変動するのを避けるために、当初定めた出資比率に応じて各合弁当事者が追加出資権を有すると定める場合が多い。また、各合弁当事者が出資義務を負うことを定める場合もあるが、その場合の上限額や、追加出資にあたって発行する株式の内容、発行価額およびその算定方法などについて、合弁契約に予め定めておくこともある。

　なお、合弁当事者のうち一部のみが追加出資を行った場合には、追加出資を行った合弁当事者の保有株式数のみが増加し、各合弁当事者の出資比率は変動することとなる。このような場合について、追加出資後に、各当事者が指名できる取締役の人数や拒否権事由の範囲等を

変更する否かについても、予め検討する場合がある。

⑨ 競業避止義務

合弁事業の目的は、各合弁当事者がそれぞれ有する技術・ノウハウ、取引関係、資金などの経営資源を合弁会社に提供することによって、各当事者が共同で事業を遂行し、利益を上げることにある。しかし、当事者の一部が、自らまたは第三者との提携により、合弁会社の事業と競合する事業を行えば、上記のような合弁事業の目的は阻害されてしまう。そのため、合弁契約では、合弁当事者が、合弁会社の事業またはこれと類似する事業について、自らまたは第三者との提携により行うことを禁止することが多い（競業避止義務）。こうした義務を定める場合には、対象となる事業の範囲、地理的範囲、期間、禁止される行為の内容（出資、業務提携、役員派遣等）などを明確にしておく必要がある。

本事例においては、将来的にS社がT社の経営・運営から離脱することで合弁契約が解消されると想定されるため、P社としては、合弁契約の期間中だけではなく、合弁契約解消後も一定期間S社に競業避止義務を負わせたいと考える可能性が高い。他方で、S社としては、T社の経営・運営からの離脱後も長期間競業避止義務を負うことは避けたいであろうから、合弁契約解消後の競業避止義務の期間はできるだけ短くするよう交渉すべきであろう。さらに、S社は、調味料、飲料、加工食品の製造・販売を行っており、「健康食品」のような機能性食品を販売する可能性もあることから、競業避止義務を負うとしても、S社の既存の事業・将来の事業が禁止されないよう競業避止義務の範囲は慎重に検討する必要がある。例えば、「合弁会社化当時にT社が製造・販売していたライセンス商品と実質的に同一の商品を製造・販売しない」というような限定の方法も考えられる。

⑩ **剰余金の配当**

剰余金の配当は、合弁当事者が合弁会社に対する投下資本を回収するための手段として重要性を有するため、合弁当事者は、剰余金の配当方針（配当を実施する条件、頻度、配当水準、合弁当事者間での優先劣後関係等）について、合弁契約で予め合意することがある。合弁当事者ごとに異なる配当を行いたい場合には、(a)剰余金の配当について株主ごとに異なる取扱いを行う旨を定款で定める方法や、(b)剰余金の配当に関して異なる定めをした種類株式（優先株式）を発行する方法などを取ることがある。

⑪ **株式の譲渡制限、プットオプション・コールオプション等**

(i) **株式の譲渡制限**

合弁事業は、限られた少数の合弁当事者が、互いへの信頼関係の下、それぞれが有する経営資源を合弁会社に投下し、共同して合弁会社の経営・運営を行うものである。したがって、各合弁当事者が合弁契約により定められた役割を安定的に果たすことが、その成功にとって鍵となる。会社法上は、株主は保有する株式を自由に譲渡できるのが原則であるが、合弁事業においては、上記の観点から、合弁当事者の一部が他の合弁当事者の事前の承諾なく、一方的に合弁事業から離脱し、予定していない第三者が合弁会社の株主となることを防止するため、合弁会社の株式の譲渡を制限するのが通常である。

合弁会社における株式譲渡制限の方法としては、定款に譲渡制限に係る規定を置くことが一般的である。しかし、株式譲渡を行おうとする合弁当事者から、譲渡が承認されない場合には株式を買い取るよう請求された場合、譲渡を承認しないのであれば、合弁会社または指定買取人が当該株式を買い取らなければならない。したがって、定款による譲渡制限の定めは、合弁当事者が株式を譲渡して合弁事業から離脱することを防ぐことはできず、会社にとって好ましくない第三者が

株主となることを妨げるという消極的な効果しか有しない。

そこで、定款上の株式譲渡制限に加えて、合弁契約の中で、他の合弁当事者の事前の承諾なく合弁会社の株式を譲渡することはできない旨を定めたり、株式譲渡の条件・手続などについて合意したりすることも多い。もっとも、こうした合意は契約上の拘束力しか有しないため、合弁当事者にどのように遵守させるのかという点は問題となる。

(ii) プットオプション・コールオプション等

また、株式譲渡に関しては、合弁当事者の全部または一部に、以下のような特別の権利を与える場合もある。

本事例においては、S社は将来的にT社の経営・運営から離脱することを想定しているから、例えば、合弁事業の開始から一定期間経過

[図表7-4：合弁会社株式譲渡条項]

| (a) | プットオプション、コールオプション | プットオプションは、一定の事由が生じた場合に、自らが保有する合弁会社の株式を他の合弁当事者に対して売り付けることができる権利。コールオプションは、一定の事由が生じた場合に、他の合弁当事者が保有する株式を自ら買い取ることができる権利。プットオプションやコールオプションを定める場合には、これらが行使された場合の株式譲渡価格やその決定方法についても併せて合意しておくべきである。
プットオプションやコールオプションが設けられる目的は様々である。合弁契約の解消や合弁当事者による合弁契約違反の抑制目的で設けられる場合については、下記⑬を参照されたい。 |

(b)	先買権（First Refusal Right）	ある合弁当事者が合弁会社の株式を第三者に譲渡しようとする場合に、他の合弁当事者が自ら優先的に当該株式を取得したり、指定した第三者に優先的に当該株式を取得させたりすることができる権利。他の合弁当事者にとって好ましくない第三者が合弁会社の新たな株主となることを避けるために設定される。
(c)	タグ・アロング・ライト（Tag Along Right）	ある合弁当事者が合弁会社の株式を第三者に譲渡しようとする場合に、他の合弁当事者が自己の保有する株式も併せて一定の条件で当該第三者に譲渡するよう、譲渡しようとする合弁当事者に対して請求できる権利。他の合弁当事者の投下資本の回収の機会を確保するために設定される。
(d)	ドラッグ・アロング・ライト（Drag Along Right）	ある合弁当事者が合弁会社の株式を第三者に譲渡しようとする場合に、当該合弁当事者が、他の合弁当事者が保有する合弁会社の株式についても一定の条件で当該第三者に譲渡するよう、他の合弁当事者に対して請求できる権利。合弁会社の株式を譲渡しようとする合弁当事者から見れば、売却代金を最大化するため、合弁会社の全株式を一括して売却することができる権利を持てることになる。

後、または一定の業績達成後に、S社が自らの保有するT社株式をP社に売り付けることができるというプットオプションを求めていくことが考えられる。

⑫ デッドロック

　合弁当事者間の意見の食い違いにより、合弁会社の重要な意思決定が行えなくなった状態を、一般にデッドロックという。合弁当事者の出資比率が同じである場合、合弁当事者が指名する取締役の数が同数である場合、マイノリティ株主が合弁会社の運営に関して拒否権事項

を有する場合には、デッドロックが生じる可能性がある。デッドロックが生じると合弁会社の事業遂行に支障を来すため、合弁契約では、デッドロックが生じた場合、合弁当事者間で一定期間誠実に協議するよう定められることが多い。

しかし、上記のような協議を行ってもなお、デッドロックが解消しない場合もある。デッドロックの対象となっている事項が、合弁会社の事業遂行上不可欠な事項である場合には、意思決定がなされない状態のまま合弁会社の事業を続けることが難しいこともある。そのため、そうした事項についてデッドロックが解消されない場合に、プットオプションやコールオプションの発生、合弁契約の解除権の発生、合弁会社の解散・清算等という重大な効果が生じる旨を合弁契約上定めることもある。

⑬ 契約違反

合弁契約では、合弁当事者が合弁契約上の義務に違反した場合には、他の合弁当事者が補償請求できるとしたり、プットオプションやコールオプションを行使できるとしたり、他の合弁当事者に解除権が発生するとしたりすることが多い。

このうち、補償請求に関しては、合弁契約に対する違反があったとしても、それに伴う損害の発生およびその額を立証することが難しい場合も想定されるため、合弁契約で損害賠償額の予定を定めておくこともある。また、解除に関しては、義務違反を行った合弁当事者の相手方となる合弁当事者に、解除権と併せてプットオプションやコールオプションを付与し、当該オプション権の行使により、解除後の合弁当事者が保有する株式の処理を行う場合が多い。このような場合には、契約違反に対する制裁として、プットオプションやコールオプションによる譲渡価格が、契約に違反した合弁当事者にとって不利益な価格（例えば、時価の50％／150％など）となるよう定めておくこともある。

⑭ 合弁契約の終了

　合弁契約は、合弁当事者による合意解約や解除、合弁会社の株主総会における解散決議、いずれかの合弁当事者が自ら有する合弁会社の株式のすべてを他の合弁当事者または第三者に譲渡することなどによって終了する。

　合弁契約の解除条項では、一般的なM＆A契約の解除事由（信用不安や契約義務違反、チェンジオブコントロール条項など）のほか、デッドロックが一定期間解消されないことや、合弁契約の目的（業績目標など）が達成されたことまたは達成されなかったことなどを解除事由として定めることも多い。

⑮ 紛争処理（仲裁条項）

　本事例のような海外企業との間の合弁事業では、紛争処理条項として仲裁条項が設けられることが多い。その場合には、仲裁地や仲裁機関をどこにするかについて協議・交渉を行い、場合によっては、仲裁人の選定方法を含むその他の手続の詳細についても定めることとなる。

事例7-3　少数株主の権利保護

　Ｓ社とＰ社は、①現行のライセンス契約をＳ社からＴ社に移転する点、②合弁期間中、Ｓ社が引き続き従前どおりの条件でＴ社からライセンス商品の製造受託を受けられる点、③両社の出資比率を70％：30％とする点については、早々に合意した。他方、Ｔ社の経営に対するＳ社の発言権の範囲については、Ｐ社とＳ社の意見が鋭く対立していた。Ｐ社は、もともとグローバルな経営戦略の観点から自ら日本市場についても事業展開していきたいと考えていたこともあり、Ｓ社による経営への発言権は極力排除

したいという立場であった。他方、S社としては、P社が多数を握っているとはいえ、30％の出資持分が残っているため、P社によるT社の経営がうまくいかないと、自社の決算にも悪影響が生じるし、最終的に出資持分を処分する際の価格にも悪影響が生じることから、一定の歯止めはかけたいと考えていた。

　この点の対立が解けずに平成30年2月中旬に至り、このままでは交渉が決裂するおそれも出てきた。そこで、S社は、顧問弁護士を本社に呼び、経営幹部を含めて今後の交渉戦略について議論した。

■ 4　少数株主の利益保護

(1)　少数株主の経営介入・関与権

　少数株主が合弁会社の経営にどの程度関与して拒否権を持つのかという点は、合弁契約の交渉において最も対立しがちな論点の一つである。最初から拒否権事項の候補を一つ一つ細かく議論して、対象にする、しないを決めていくような交渉方法もあるが、実務では、①少数株主の権利に直接関係する事項（会社の機関・組織に関する事項、株式に関する事項、組織再編に関する事項、解散・清算に関する事項など）、②事業運営に関する事項（従業員に関する事項、計算・配当に関する事項、事業に関する事項など）、③利益相反に関する事項（株主との契約の締結・変更・解除、株主への訴訟提起など）といった大きなカテゴリに分け、①については原則としてすべて拒否権にかからしめ、③については関係する株主を排除した形での意思決定ができるようにした上で、②に属する事項の取扱いを集中的に検討することが多い。

　②に属する事項のうち、新規事業の開始や業務提携などは、例外的

にしか起こらない上に、そもそもの合弁事業の性質を変更する可能性がある事項なので、拒否権にかからしめることには大きな抵抗はないであろう。これら以外の項目については、多数株主と少数株主が何を取って何を差し出すのかの整理を行わないと合意ができないことになる。

(2) 少数株主の利益保護方法

　本事例では、Ｐ社は、もともとグローバルな経営戦略の観点から自ら日本市場についても事業展開していきたいと考えていたこともあり、Ｓ社による経営への発言権は極力排除したいという立場のようであるので、残された時間でＳ社の利益を守りつつ妥結するには、交渉のアプローチを変えるしかなかろう。

　そこで、事業運営に関する事項についての拒否権の大部分をあきらめる代わりに、Ｓ社の保有するＴ社株式の価値保全を考えるというのも一つの解決策である。具体的には、Ｓ社の保有するＴ社株式を優先株式（配当および残余財産についての優先権あり）とした上で、一定期間経過後、Ｓ社が希望するタイミングでＰ社にＳ社保有株式を売却できるプットオプションを定め、その際の売却価格は、今回のＴ社株式の売却価格に未払いの優先配当分を上乗せした金額と、プットオプション行使時の時価のいずれか高い方とするというものである。こうすることにより、Ｐ社によるＴ社運営の失敗が、Ｓ社の保有するＴ社株式の価値に与える影響を限定することができるので、Ｓ社としてもＴ社の経営に過度に介入する必要性も低くなる。

著者紹介

■編著者

三笘　裕（みとま　ひろし）

弁護士（長島・大野・常松法律事務所パートナー）。1991 年東京大学法学部卒業（法学士）、1993 年弁護士登録、1998 年 Harvard Law School 卒業（法学修士）、1999 年ニューヨーク州弁護士登録。1998 年～ 1999 年 Cleary, Gottlieb, Steen & Hamilton LLP（New York）勤務、2004 年～ 2007 年東京大学大学院法学政治学研究科助教授。

玉井　裕子（たまい　ゆうこ）

弁護士（長島・大野・常松法律事務所パートナー）。1989 年東京大学法学部卒業（法学士）、1994 年弁護士登録、2000 年 Harvard Law School 卒業（法学修士）、2001 年ニューヨーク州弁護士登録。2000 年～ 2001 年 Covington & Burling LLP（Washington, D. C.）勤務。

滝川　佳代（たきがわ　かよ）

弁護士（長島・大野・常松法律事務所パートナー）。1995 年東京大学法学部卒業（法学士）、1997 年弁護士登録、2002 年 Columbia Law School 卒業（法学修士）。2002 年～ 2003 年 General Electric Capital Corporation 勤務。

■著者

大石　貴大（おおいし　たかひろ）

弁護士（長島・大野・常松法律事務所）。2008 年東京大学法学部卒業（法学士）、2010 年東京大学法科大学院修了（法務博士）、2011 年弁護士登録。

鈴木　健人（すずき　けんと）

弁護士（長島・大野・常松法律事務所）。2010 年慶應義塾大学法学部卒業（法学士）、2011 年弁護士登録。

田村　優（たむら　ゆう）

弁護士（長島・大野・常松法律事務所）。2009 年慶應義塾大学法学部卒業（法学士）、2011 年東京大学法科大学院修了（法務博士）、2012 年弁護士登録。

著者紹介

小槻　英之（おつき　ひでゆき）
　弁護士（長島・大野・常松法律事務所）。2011年慶應義塾大学法学部卒業（法学士）、2013年東京大学法科大学院修了（法務博士）、2014年弁護士登録。

田勢　華也子（たせ　かやこ）
　弁護士（長島・大野・常松法律事務所）。2011年東京大学法学部卒業（法学士）、2013年東京大学法科大学院修了（法務博士）、2014年弁護士登録。

藤井　崇英（ふじい　たかひで）
　弁護士（長島・大野・常松法律事務所）。2011年慶應義塾大学法学部卒業（法学士）、2013年慶應義塾大学法科大学院修了（法務博士）、2014年弁護士登録。

取引ステップで考える実践的 M&A 入門

2017 年 10 月 30 日　初版第 1 刷発行

編著者	三笘　　裕	玉井　裕子
	滝川　佳代	

著　者	大石　貴大	鈴木　健人
	田村　　優	小槻　英之
	田勢　華也子	藤井　崇英

発行者　塚原　秀夫

発行所　株式会社 商事法務
〒 103-0025　東京都中央区日本橋茅場町 3-9-10
TEL 03-5614-5643・FAX 03-3664-8844〔営業部〕
TEL 03-5614-5649〔書籍出版部〕
https://www.shojihomu.co.jp/

落丁・乱丁本はお取り替えいたします。　印刷／三報社印刷㈱
Ⓒ 2017　Hiroshi Mitoma, Yuko Tamai,　　Printed in Japan
　　　　Kayo Takigawa
　　　　Shojihomu Co., Ltd.
ISBN978-4-7857-2565-5
＊定価はカバーに表示してあります。

JCOPY ＜出版者著作権管理機構　委託出版物＞
本書の無断複製は著作権法上での例外を除き禁じられています。
複製される場合は、そのつど事前に、出版者著作権管理機構
（電話 03-3513-6969、FAX 03-3513-6979、e-mail：info@jcopy.or.jp）
の許諾を得てください。